做心平气和的父母

家长焦虑症

陈靖昕 ◎ 著

台海出版社

图书在版编目(CIP)数据

家长焦虑症：做心平气和的父母 / 陈靖昕著. — 北京：台海出版社，
2018.8

ISBN 978-7-5168-2040-7

Ⅰ.①家… Ⅱ.①陈… Ⅲ.①亲子关系-家庭教育

Ⅳ.①G78

中国版本图书馆 CIP 数据核字 (2018) 第 171909 号

家长焦虑症：做心平气和的父母

著　者 : 陈靖昕	

责任编辑 : 王　萍	
装帧设计 : 快乐文化	版式设计 : 通联图文
责任校对 : 罗　金	责任印制 : 蔡　旭

出版发行 : 台海出版社

地　　址 : 北京市东城区景山东街 20 号　邮政编码 : 100009

电　　话 : 010-64041652(发行，邮购)

传　　真 : 010-84045799(总编室)

网　　址 : www.taimeng.org.cn/thcbs/default.htm

E － mail : thcbs@126.com

经　　销 : 全国各地新华书店

印　　刷 : 北京鑫瑞兴印刷有限公司

本书如有破损、缺页、装订错误，请与本社联系调换

开　　本 : 640mm×960mm　　　　1/16

字　　数 : 187 千字　　　　印　张 : 14.75

版　　次 : 2018 年 10 月第 1 版　　印　次 : 2018 年 10 月第 1 次印刷

书　　号 : ISBN 978-7-5168-2040-7

定　　价 : 39.80元

前言

1

现代社会，人人心里都充斥着对当下和未来的焦虑。生活节奏快，竞争压力大，害怕自己一不小心就落后了。小孩为考试焦虑，少年为成长焦虑，青年为事业家庭焦虑，每个人都有每个人的焦虑。焦虑就像断了线的风筝，在心里蔓延，根本拉不住。

谁最焦虑呢？家长们！他们可能是当下最焦虑的一群人。

曾经一度火热的电视剧《虎妈猫爸》和《小别离》，都生动地讲述了当代父母焦虑的现状：

为了孩子的教育，全家可以省吃俭用，为孩子报好的培训班，为孩子搬去学区房，他们焦虑啊；

孩子爱玩游戏，总是不好好做作业，父母千言万语，谆谆教诲，希望孩子悬崖勒马，他们焦虑啊；

孩子成绩有一点点下滑，父母恨不得给孩子报遍补习班，他们焦虑啊；

就连孩子不小心感冒发烧咳嗽了，父母也焦虑，内心一味指责自己没有照顾好孩子。

……

关于孩子的未来，没有谁比他们更忧心忡忡。

焦虑，敦促着父母不敢让孩子冒险，不敢让孩子自由玩耍，不敢让孩子犯错和失败……焦虑，让父母不敢有任何的松懈，一直在对孩子的期望和失望间挣扎喘息。

2

佛经里说："由爱故生忧，由爱故生怖。"很多人把这句话用来形容爱情，其实父母对孩子又何尝不是这样的深爱呢？天下父母的焦虑，都是因为太爱孩子，也太希望孩子好了。

父母很伟大，而身处焦虑中的父母，又很可怜。因为当他们把带了焦虑的爱给孩子，按照他们的人生经验告诉孩子"这样做，都是为你好"时，孩子就会觉得透不过气，从而觉得父母"烦"，跟父母搞对立。父母因此会更焦虑，同时也很伤心，一切为了孩子好，孩子却"不识好歹"。真是"不听老人言，吃亏在眼前"啊！

其实父母不如放手，让孩子自己去做决定，自己选择，人生的路终究都是要他自己走的。也许，他并没有错，只是有自己的选择呢？而他真的错了，让他受点挫折，也未尝不是一件坏事啊，就像白岩松说的那句话："我们不一定要教孩子漂亮地赢，但我们可以教孩子漂亮地输！"

父母对孩子人生的种种焦虑就是给孩子的重重压力。因为父母越焦虑，孩子越疏离自己。长此以往，亲子关系无法达到一种舒服放松的状态，孩子的问题会越来越多，诸如，依赖性强，无法自食其力，无法独立解决问题，性格内向自卑，很孤僻……

当孩子不接受自己的安排建议，甚至与自己越来越远时，父母不妨停下来想想，自己的过度焦虑是否会害了孩子？你是想要一个快乐自在、外向阳光的孩子，还是想要一个成功却不快乐的孩子呢？

3

杜江在《爸爸去哪儿》给嗯哼念了一首诗：

你不是我的希望，不是的，你是你自己的希望，

我那些没能实现的梦想，还是我的

与你无关，就让它们与你无关吧

你何妨做一个全新的梦

那梦里，不必有我

然而我爱你，我的孩子

我爱你，仅此而已

……

这段话的意思是说，无论孩子如何，做父母的都应该无条件地爱他。孩子可能无法成为父母想要的模样，但他若能做完自己的梦，成为自己想要的模样，那便是最好的。

父母不能因为自身所受的社会现实压力，就让孩子拼了命地学习，失去游玩时间，无法享受自在轻松的时光，不知道快乐人生是何模样。

父母不能因为自己人生的不如意，就让孩子失去体验种种奇妙人生的机会。

父母要让孩子去成长和经历，而不是让他去走父母规划好

的路。

父母要努力给孩子一个温馨开放、包容平和的成长环境，让孩子在其中成就自己想要的人生。

本书通过选取贴近孩子成长的案例，帮助读者从实际情况出发，对家庭教育中的情绪问题进行分析，找出解决对策，以利于父母理解儿童成长的轨迹，学会合理调控自己的情绪。

抛却无用的"中国式焦虑"，让你的孩子为自己而活，成为一个轻舞飞扬的天使！

目 录

第一章

攀 比 焦 虑

——少点"功利"，多点尊重

< < < < < < <

为什么孩子从
"好学"到"厌学"?

当家长把"学习"作为追求成功的手段，那么，功利心就会污染孩子纯洁的心灵，中断孩子对知识殿堂的攀登。

1

如今，很多父母对孩子的教育方式，多少附上了功利性质。

以朋友的孩子小超为例，他的父母经常对他这样说："儿子啊，现在社会竞争激烈，你现在年轻，多吃点苦没什么。以后考一个好学校，找一份好工作，才能够过得比较轻松。别怪爸妈逼你，我们也是为了你好，比别人多一项技能，才能比别人强。"

小超的父母从小就让小超学习乐器、练习书法。自从小超上了小学后，父母就开始频繁地带着小超去参加各种组织机构举办的"青少年艺术大赛"，一场接着一场，数不胜数。有很多是带有商业性质的艺术比赛。

有一次，小超想去参加一场艺术水平很高的研讨会，却被父母拒绝了，理由是："研讨会是什么？又不是比赛，没有奖杯奖状,对你未来的升学没有帮助,别参加了。"

小超在各大比赛中获得的奖项,成了小超父母向外人炫耀的资本,他们却不曾想过这种带有功利性的炫耀,会给孩子带去什么样的影响。

如果有一个满怀功利心的家长站在身后,即使孩子是天赋神童,也难成大师。

2

在一个村子里,有一群特别调皮的小孩,经常聚集在一位老人的家附近,朝老人的房子扔石头玩。老人很生气,他先是软语相劝,又打电话给孩子的父母,甚至也叫来了警察,想了很多办法阻止,但都不管用。小孩们越来越起劲,石头扔得更多了。

老人陷入了沉思,后来想出了一个办法。有一天,那群小孩又在扔石头,他满面笑意地走过去,说:"我很喜欢你们朝我房子扔石头的游戏,看在你们这么卖力的分上,我给你们每个人一块钱,作为你们扔石头的报酬,可以吗?"小孩们感到很吃惊,扔石头还有钱赚啊?自然是万分乐意。

之后一到周末,或者放学早的话,小孩们会聚集起来,朝老人的房子扔石头,而老人如约给每人一块钱。

过了两周,老人在支付"工钱"的时候,很抱歉地说:"各位,我最近钱赚得不多,每人一块钱对我来说,负担太重了。这样吧,每人五毛钱怎么样?"小孩们听了之后,并不是很高兴,但五毛钱也具有一定的诱惑力,他们答应了。

又过了一周，老人又很抱歉地说："各位，我老了，赚的钱不多，每人五毛钱我也给不起了，以后只能每人每天一毛钱了……"

老人的话还没有说完，小孩们迅速交换了眼神，其中一个大声说："我们才不愿意为了一毛钱而干这样的苦差事呢！"话音刚落，这群小孩就迅速散开了。

从此之后，再也没有小孩朝老人的房子扔石头了。老人因此获得了安宁。

这个故事，看起来尽管和学习没有多大关系，但其实从另一个侧面，解释了从"好学"变"厌学"的原因。

当一件事与功利性相连，就算是孩子最喜欢的，也会失去本身的味道，成为一件苦差事。

学生从"好学"到"厌学"，又何尝不是因为这个呢？

3

"望子成龙"恐怕是普天下家长的共同心愿。尤其是当今社会竞争异常激烈，就业压力大，父母对孩子的期望就更高了。为了把自己的孩子打造成"龙""凤"，父母尽自己最大的努力，千方百计地给孩子创造教育的环境和发展智力的条件。

从上幼儿园开始，父母就急着给孩子报各类的培训班、提高班，把孩子的课内、课外时间都安排满满当当的。他们以为，只要按照自己的安排，孩子就有光辉灿烂的前程。

从此，孩子的字典里只能有"成功"不能有"失败"；只能有"学习"不能有"玩乐"；只能有"进步"不能有"落后"

……在沉甸甸的期望之下，孩子怎么可能对"学习"有兴趣呢？

于是父母更加焦虑了，为什么人家的孩子不用报班都那么出色，自己家的孩子报了那么多辅导班依然成绩平平？

月飞是个五年级的学生，成绩属于中上等水平，一直也都很努力。

月飞妈妈单位来了个新同事，经常一起讨论孩子的学习问题，看到同事的孩子每次都是全班前几名，月飞的妈妈很是羡慕，于是给他定下目标每次考试都要全班前三名。

月飞怪委屈地跟妈妈说："这也太难了，我的成绩一直在班里第十五名徘徊，一下子就要求我考全班全三名，根本不可能。能不能让我一点点地进步啊？"

妈妈一听立刻就生气了，说："你这个孩子怎么这么没有志气呢，肯定不想努力！"

接下来，妈妈为月飞请了家教，买了好多的练习题，月飞一下课就闷在家里做题，每天忙得连玩的时间都没有了。

但是即便如此，月飞的成绩依然没有达到妈妈的要求，反而越来越差。因为，在这样高强度的学习下，月飞越来越厌倦学习了，后来干脆逃课了，因为他觉得怎么努力也达不到妈妈的要求。

如果孩子不能够真正体验到获取知识的快乐，对学习提不起兴趣，那么不管怎么做，学习都只会是一件苦差事。

因此，面对孩子学习的问题，父母要减少自己的功利心，不要让炫耀、比较等功利性的因素影响孩子对学习的兴趣；而是用恰当的方法激发孩子对学习的兴趣，燃起孩子对知识的渴望。

父母的焦虑，
来自"贪婪"的攀比

孩子出生，是因为父母需要他，而不是为了满足父母的成就感，也不是替父母实现他们未完成的愿望。父母应尊重孩子自身的发展，不要盲目攀比，尤其不要拿"别人家的孩子"和自己家的孩子比。

1

"茫茫宇宙中，有一种神奇的生物，这种生物不玩《王者荣耀》，不聊QQ，天天就知道学习，回回年级第一。这种生物可以九门功课同步学，妈妈再也不用担心他的学习了……这种生物叫做'别人家的孩子'。这种生物考清华，望北大，能考硕士、博士、圣斗士，还能升级黄金、白金和水晶级；他不看星座，不看漫画，看到电脑就想骂娘；这种生物琴棋书画样样精通，甚至会刀枪剑戟斧钺钩叉，而我们只会吃喝拉撒；这种生物长得好看，写字好看，成绩单也好看，就连他的手指甲都是双眼皮的……这种生物每天只花10块钱都觉得奢侈浪费和犯罪，这就是感动中国十大人物之———'别人家的孩子'！"

　　这就是一度在网络上疯传的题为"别人家的孩子"的热帖，很多孩子认为，这种帖子说出了他们的心声。而一些教育专家则认为，"别人家的孩子"话题的本质，是家长的眼界问题。

　　难道别人家的孩子，就真的比自己家的出色？为什么家长的一只眼睛只盯着"别人家孩子"的优点，一只眼睛盯着"自己家孩子"的缺点？

　　一位母亲有两个儿子，一位当上了企业家，另一位是地道的农民。当企业家的儿子很有才能，做农民的儿子是耕种能手，年年粮食满仓。

　　在一次对企业家的采访中，企业家的母亲应邀请出席，有人问母亲："你肯定为你的儿子感到自豪吧？"她说："不错，但是，我也为我的另外一个儿子感到自豪，他现在正在地里插秧。"

　　这对我们的父母有很大的教育意义。不管孩子是万人之上的国王，还是在田地里挖土豆的农夫，只要努力，父母都应该为孩子感到自豪。父母要按照孩子的天性和兴趣选择适合孩子的教育方式，为他制定合理的目标，积极寻找孩子的优点。

2

　　一个孩子刚被选上少先队的小队长，心里特高兴，回家忍不住跟家长"炫耀"。谁知却被问："大队委的候选人有你吗？"孩子一下怔了，含着眼泪走开了。

　　很多家长，总是很"贪婪"，他们的标杆永远超越孩子的水平，他们有太多的恨铁不成钢、太多的急功近利、太多的急躁和揠苗助长、太多的高期待和不理解。

心理教育专家认为：父母要注意用来刺激孩子的东西是事实而不是虚构的，且要适可而止，不要天天都用，否则，只会激发孩子的逆反心理。

孩子跟孩子是有差异，但不代表有差距，我们首先要承认这个差别，然后在孩子原有的基础上帮助孩子进步。我们可以拿孩子的今天和昨天比，但是，绝对不能拿"别人家孩子"的优点和"自己家孩子"的缺点比。

3

"你看隔壁叔叔的孩子这次又是年级前十名，你能有他一半我就满足了。"爸爸说。

"你看隔壁的叔叔是处长，爸爸你怎么不是？"孩子反驳说。

爸爸顿时尴尬了。

懂了吗？提起"别人家的孩子"，孩子内心的感受如何？每一个孩子都是独立的个体，都有自己的个性发展，任何发展都应该基于每个孩子本身的特质，而不是盲目地跟随所谓"神童""天才"的脚步。

当然，我们不否认，在这个世界上有"神童"存在，但是"神童"毕竟是极少数，而且"天才"也不是靠上各种补习班、强化班恶补出来的。大多的孩子都是普通人，是一步一个脚印、按部就班成长起来的。

父母应切记，不要再滥用"别人家的孩子"来刺激自己的孩子了。

是为了孩子，还是面子？

孩子出生，是因为父母需要他，而不是为了父母的成就感，也不是替父母实现他们未完成的愿望。孩子不是妈妈的一副耳环一枚胸针，也不是爸爸的一块手表一个名牌包，那些动不动让孩子"才艺表演"，动不动在朋友圈秀娃的父母，可曾想过，你这样做，究竟是为了孩子，还是面子？

1

有个场景我们一定都不陌生。

一群孩子玩耍时，一个孩子表演了"才艺"，或者是唱歌或者是什么的，因此得到了大人们的赞美，于是另外的孩子的爸妈也要求自己的孩子"来一段"。如果孩子"表演"了，就会受到夸奖："这孩子太给我长脸了！"如果孩子不愿意"依样画葫芦"，父母就不高兴了，丢人！别人家的孩子都表演了，自己家的怎么不表演，真是"狗肉上不了正席"啊！看，今天的朋友圈也晒不成娃了，真难堪！

事实是，没有人关心你的孩子表演了没有，你跨不过去的只是自己的面子。

还有一个场景大家也很熟悉：

"叫叔叔、阿姨。"

"快叫啊！"

"你这孩子怎么这样不懂礼貌！妈妈说了无数次了见面要叫人！"

"对不起这孩子平时可有礼貌了，今天大概……呃……有点起床气。"——最后，只能以这样的理由尴尬地给自己圆场，当然，这一天，接下来，父母和孩子都没好脸色，不消说了。

幼教专家称，儿童在7岁以前是自我建筑阶段，毫无疑问是以自己为中心的。硬要7岁以下的儿童给陌生人打招呼，他们会感到别扭。而到了八九岁左右，孩子懂得自我介绍，也就能接受或者会主动跟家人介绍的陌生人打招呼。

所以，当你7岁以下的孩子硬是不肯跟生人打招呼时，作为父母千万别强迫他或责骂他，因为这是孩子成长的自然法则。

2

"快笑一个，妈妈带你到公园拍照了。"

"宝宝，笑一个啊，背一句诗，妈妈给你拍个抖音。"

"宝宝，过来让妈妈亲一下……别动……这个角度不够好看，再来一次……别跑，别跑呀！"

"你又不笑，又不肯亲妈妈，真是没面子，算了算了，不拍了！"

于是，孩子大哭起来……

如果父母眼里的听话，就是孩子能够在每一次他们需要面子的时候为自己挣到面子，这个孩子长大后，多少会变成表演型人格的吧？

3

有一次一位摄影师带上两岁的儿子跟朋友们在西餐厅就餐。他的孩子舞弄着面前的一碟意大利粉，就是不肯正经吃。在摄影师跟朋友们聊天时，他儿子似乎对那碟意大利粉产生了意见，冷不防把整碟粉往自己头上、脸上一倒，结果这小家伙头上脸上就满是一条条垂下的意粉，意粉的酱汁还一个劲往下滴，还"殃及"了衣服。

要是普通父母，见到自己孩子在公众场所变成这种模样，脾气好的就赶紧让孩子到洗手间好好洗一番，脾气躁的就会忍不住开骂了。这名摄影师的反应却颇出乎其朋友们的意料——只见他笑着对孩子说："别动别动，爸爸先给你拍张照。"喀嚓喀嚓拍完了照片后，才把孩子拉到洗手间。

洗干净出来后众人问他为什么这么干。他说，孩子这样可能是因为觉得爸爸只顾跟别人聊天，忽略他了，即使孩子是出于贪玩而造成的，也是自己照看不周，所以没有丁点的理由去责怪孩子。而拍照则是职业习惯，看到孩子这么真实的一幕，拍下来也是很有趣的纪念。

每位家长都喜欢说：孩子是第一位的，我怎么怎么的都是为了孩子，我爱孩子，甚至胜过爱自己……但是，说是一回事，做是一回事。究竟是为了孩子，还是面子？

这是每一位家长必须时常检讨自己的问题。

物质奖励，
有时候是"画蛇添足"

你对孩子进行过物质奖励吗？

此刻的你是否正在为此头疼——不知什么时候起，孩子做某件事情变成是为了奖励，不奖励就没有了动力？

1

彤彤今年6岁，在绘画上表现出了异于常人的天赋，即使没有父母督促，她一个人也能趴在桌子上画很久。

为了保持彤彤的积极性，彤彤的父母采取了很多奖励方式，比如画完一幅画，就能买她想吃的零食，或者看电视和玩iPad的时间延长半小时。

一开始，这些奖励的方式很奏效，彤彤画画的积极性更高了，数量也增多了。

可是过了一段时间，彤彤的父母却发现彤彤画的画没有以前鲜活了，好像只为了敷衍父母，换取"奖励"。而同时，彤彤对父母给予的"奖励"也越来越不满，她觉得买一包零食不够，不买两包零食，她就不画画；看电视和玩iPad的时间，她要求延长到一小时,父母不给玩,她也不画画。

父母头疼了,什么时候起,这孩子画画是为了奖励?不奖励就没有了画画的动力?

2

美国密苏里大学和伊利诺伊大学曾经针对700多名家长做过一项研究,研究结果表明,在孩子成功做完某些事情之后,用礼物对其进行奖励,或者在日常生活把送礼物作为一个鼓励的方式,会导致孩子的功利心变重。

近年来,心理学专家针对这种情况进行研究后发现,人做事的行为动机一般分为内部动机和外部动机。内部动机是指我们从事某种活动是因为活动本身的兴趣、完成活动后的乐趣以及活动对自身的挑战力,是由自己出发,而外部动机是指因为某种外在的结果而去从事某种活动。

很多父母在督促孩子学习,或者鼓励孩子听话时,都会采取物质奖励的手段,因为物质奖励的确在激发孩子动力的初期产生立竿见影的效果,而且对父母而言是比较容易达成的事情。可是,当父母用外部奖励去对待孩子,等同于引导孩子把自己从事活动的行为与物质奖励联系起来,而并非是自己的内部动机。

慢慢地,孩子的自觉度就会下降,并且失去了对从事活动的兴趣,而此时外部奖励一旦不能够满足孩子日益增长的"胃口",就会失去初期的激励作用和效果,孩子也会因此停止从事活动。并且,不断升级的物质需求会导致孩子为了得到奖励而选择不正确的方式。

物质奖励是一把双刃剑。如果父母能够正确运用奖励机制，就能起到很好的引导作用，让孩子懂得一分耕耘一分收获的道理；而滥用或不恰当的使用会让孩子拥有功利的坏习惯。

精神鼓励为主，物质奖励为辅是父母对孩子的最好的奖励模式。

聪明的父母在孩子成长的过程中，要努力激发孩子的学习兴趣，培养孩子的责任感，也要让孩子明白，学习是义务，也是权利，更是一种责任。拥有良好的学习态度，掌握正确的学习方法，才能快乐、高效地学习；而拥有责任感，才会增强做事情的动力，逐步养成良好的学习习惯，受益终身。

3

父母在对孩子采取物质奖励的方式时，请务必遵循两个原则。

一是不要轻易许下诺言，如果答应了孩子，则必须要信守诺言。面对孩子的物质要求，父母要有节制、理性地满足，对于不能满足或者无法满足的，应明确表明自己的态度并讲清楚原因。

二是物质奖励要有度，不能过多，价值也不能过高，不能动辄就是iPhone等昂贵且与学习无关的电子产品，如用一些有帮助的书籍、文具等学习用品作奖励，不仅能够激励孩子的学习兴趣和热情，增强上进心和自信心，而且能避免孩子将物质奖励作为学习的动机。

请记住，如果孩子不需要物质奖励，也能够出色地完成某项活动或任务时，父母完全没有画蛇添足的必要。当孩子表现优异时，只要为他们点个赞，给他们一个微笑和拥抱，增强他们的信心就可以了。

晒娃停不下来，怎么办？

根据一项研究表明，那些经常被父母炫耀"智商超群"的孩子，在成长的过程中，容易局限在自己力所能及的范围内，容易满足现状，不愿意挑战未知，不利于自身的发展。

1

北宋著名文学家王安石在作品《临川先生文集》里写了一个妇孺皆知的故事——《伤仲永》。故事的主角叫方仲永，他是一个神童，才华与生俱来，5岁时就能指物作诗，后来在周围人的夸赞中停止了学习，而且被父母当成赚钱工具，最后"泯然众人矣"。

在这个故事中，不难发现，方仲永从一个拥有高超的通晓和领悟能力、胜人一筹的天资的神童，变成一个与普通人无异的人，是因为他没有接受后天的教育。由此可见，故事中方仲永的父亲愚昧无知、贪图蝇头小利，在得知儿子的天赋后，便领着方仲永到处炫耀，却从未想过加强孩子的后天教育。

如果他能够为方仲永提供一个安静的学习环境，让方仲永安心学习，以方仲永的卓越天资，怎么可能"泯然众人"，怎么可能酿成一个悲剧？

著名作家老舍先生曾经说过："摩登夫妇，教三四岁小孩识字，客来则表演一番，是以儿童为玩物，而忘了儿童的身心教育甚慢，不可助长也。"

每一个孩子都是独立的个体，随着年龄的增长，逐渐形成自己的思想和意志。在成长的过程中，父母不能将他们当成一个玩具来炫耀，借此满足自己的虚荣心。

2

女儿很喜欢古诗词，小小年纪就能背十几首唐诗，为此，吴婷感到很高兴，觉得女儿很有出息。每次家里来了客人，吴婷总会让女儿出来表演才艺，从"白日依山尽，黄河入海流"背到"锄禾日当午，汗滴禾下土。谁知盘中餐，粒粒皆辛苦"，又背到"离离原上草，一岁一枯荣"，再背到"两只黄鹂鸣翠柳，一行白鹭上青天"，不亦乐乎。

客人听了，纷纷鼓掌，一个劲儿地夸孩子："不得了啊，这么小的年纪就能背这么多古诗。""这孩子不简单啊，记忆力真好。""真是古诗小达人啊，小神童。"

"主要是吴婷聪明，教育得好，怪不得女儿这么小就这么厉害呢。"有时候，夸着夸着就夸到了吴婷，吴婷听着心里美滋滋的。

后来，只要家里来了客人，或者去参加学校的一些活动，吴婷总会要求女儿当众表演"才华"，有时候女儿不乐意，不愿意上台，但吴婷要么糖衣炮弹，要么威逼利诱，最后总能让女儿乖乖就范。

有一天，吴婷的大学室友来家里做客，聊着聊着又聊到了女儿，吴婷就又把女儿喊了出来，站在客厅里，满怀期待地说："宝贝，背一首难一点的诗给阿姨听。"女儿站着，不说话，自顾自地低着头玩玩具。

吴婷耐心地拍了拍女儿的肩膀："女儿，背《行路难》，妈妈昨天教你的那首。"不过，女儿这一次始终不开口。气氛有点尴尬。吴婷急了，声音变重了："是不是没有学会？我昨天才刚刚教会你的，你自己当时不是说学会了吗？骗妈妈是不是？"

女儿委屈地哭了："我今天不想背诗。"

吴婷的声音又提高了："你太没有礼貌了，妈妈从前是怎么教你的？阿姨都在呢。"

女儿沉默了一会儿，终于爆发了，大声喊："我又不是你的玩具。"

吴婷瞬间愣住了，不知道该说些什么，而后陷入了沉思。

3

在如今的网络时代，父母恐怕很难做到不"秀"不炫耀。

自从孩子一出生，父母就开始了漫漫的炫耀之路。在孩子刚出生时，很多父母会把自己孩子的照片放在朋友圈，炫耀自己的孩子有多么漂亮，多么可爱，多么乖巧，多么聪明；当孩子大一点了，尤其是在亲人朋友聚会的场所，很多父母会命令自己的孩子当众表演才艺，背唐诗、唱儿歌、跳舞、说英语等；

等孩子上了学，炫耀的内容就变成了孩子的学习成绩和其他才能，比如在班级里排了第几名，哪次测验拿了高分，在哪个比赛中夺得头筹……

父母为孩子自豪，偶尔晒一下娃可以理解，但如果发展到晒娃停不下来，就值得警惕了，如果孩子反感这么被晒，难免从心底厌烦父母，恐怕以后父母的话也很难再言听计从。即使孩子喜欢这样被晒，那些面子上的赞美也很容易助长孩子的优越感和攀比心理，使孩子养成孤芳自赏的习惯，好胜心切，自私自利，难以经受困难和挫折的考验。

曾经听过一个真实案例。有一个孩子，在一次期末考试中取得了很好的成绩，老师特意表扬了他，并让他站起来说几句学习心得，没想到孩子大言不惭地说："这都是智商的差距。我爸妈说我智商高，不用学习也能拿高分，不像你们……"教室里顿时一片哗然。

那些喜欢过分炫耀孩子的父母应该要明白：孩子真正需要的是关爱、疼惜和鼓励，而不是成为炫耀的道具和资本。一昧地炫耀孩子，很可能会造成孩子的不健康发展。

每个孩子都是优秀的，关键在于如何去教育和引导孩子。对于孩子的优点和长处，需要肯定，但不要奉承；需要鼓励，但不能炫耀。

第十名定律：成长比分数更重要

1

著名企业家、阿里巴巴集团创始人马云在总结自己的"学习"经验时说："我在班里面不是前三四名，也不会跌到十名以外，我考91分，努力考94分、95分也有可能，但是我花的时间太多了，但是我花时间跟别人玩，学到更多。所以'教'和'育'是两个概念，当然我们现在对于老师、对于学校的期望值太大，教的主体是老师、学校，但是育的主体是家庭，家长得参与进来，老爸看到孩子不对的地方，有没有拍桌子，子不教父之过，父母也很重要，你对孩子要带着欣赏。"

马云透露自己的教育理念——"考10名的孩子，最容易成功！"

此言一出，那些"唯分数是论"的父母顿时一片哗然。但实际上，在教育领域，确实有一个"第十名定律"。一些老师发现，学生毕业后，若干年后再去看看他们各自的发展情况，会发现往往发展得最好、事业最成功的，并不是那些考试中的前几名，而是那些排在第十名左右的学生。

之所以会出现这种情况，就在于学校赖以评价一个学生的标准——分数，并没有全面地反映出一个学生的综合情况。那些考试成绩总是排在前几位的学生，他们的书本知识学得很好，但也许由于专注于书本，反而忽略了其他能力，如创新能力，动手能力，人文素养等方面的培养。

而那些排在第十名左右的学生，他们对书本知识的掌握程度可能稍微逊色一些，但他们可能有更多的精力投入到社团活动、兴趣爱好、人际交往等方面。当他们步入社会之后，会发现社会上的问题要比书本复杂得多，从书本上学来的知识无法解决很多问题，组织能力、人际交往能力这些在书本上没有的知识，比书本知识更有用。

2

分数在父母的眼中，意味着一所好的大学、一份好的工作和一个美好的人生。于是，分数就像一根指挥棒一样，指挥着父母的脸色和脾气。拿着高分的成绩单，父母顿时心花怒放，喜上眉梢，孩子像个大功臣一样，什么要求都尽量满足；一旦成绩单上的分数不是那么尽如人意，父母的脸就像雷阵雨来临前的天空，阴沉沉的，让孩子倍感压抑。

著名作家叶圣陶的儿子叶至善，在小学时曾因学习成绩不佳留过三回级。母亲很关心叶至善的学习成绩，她看到至善的成绩单上分数那么低，总是唠唠叨叨，说孩子不争气，没出息。

而父亲叶圣陶却从来不说什么。他不大注重考试，也不大相信分数，他认为，一门功课学得好不好，得看是否能把学的知识全部消化，成绩的好坏不是单凭考试能衡量出来的。

后来，经过努力，叶至善考取了一所以学风严格、学生成绩优异而闻名的省立中学。他在这所学校读了一年，又因为有四门功课不及格要留级。

刚进中学就留级，叶至善非常难过，面对那些不及格的成绩单，他忍不住哭了起来。

叶圣陶很理解儿子的心情，他也非常了解至善的性格，至善最不愿死记硬背什么东西，特别是国文和英文，考试要默写整段甚至整篇课文，他当然不会及格了。所以，这次他也没有责备儿子，只是说："不要哭，思想上也不要背包袱，还是再换个学校吧。"

于是他让儿子进了一所私立中学。这所学校和省立中学完全不同。叶至善进了这所学校，有了明显的转变，对学习感到有兴趣了，也不用整天把时间花在做练习题和做作业上了，因而有足够的时间看课外书籍，以及唱歌、吹口琴了。

不看重分数，并不等于不看重知识。恰恰相反，叶圣陶鼓励叶至善把更多的时间用在读课外书上。叶圣陶喜欢看书，各种内容的书都看，因此孩子们可以随便到书架上拿书，只要自己愿意就行。他经常提出一些问题来问至善，让他回答，借以锻炼他的表达能力。

叶至善念高一那年，叶圣陶还特意为儿子买了一架天文望远镜和显微镜，鼓励儿子观察和思考自然界的各种现象。促进儿子思考，锻炼他的思维和表达能力。

在父亲的教育和影响下，叶至善这个在小学和中学留过四次级的孩子，后来终于成为著名作家。

3

列夫·托尔斯泰曾说："一个人就好比是一个分数，他的实际才能好比分子，而他对自己的估计好比分母，分母愈大则分数值愈小。"

我们不能用一把尺子衡量人。不能用分数、名次要求所有的孩子。要用"多把尺子"衡量人，孩子才有成功的希望，才会树立起信心。

考试分数不能代表孩子学习质量的全部，考卷也不能决定一个人的价值。父母要努力帮助孩子消除成绩所造成的压力，使孩子的目光转向自己的长处，增强他的自信心。无论何时，家长都要相信成长比分数更重要！

先做孩子的伯乐，
孩子才能成为"千里马"

1

童话大王郑渊洁小时候是个"差生"，因为他总是调皮捣蛋，他的老师训斥他："咱们这个班里，最没出息的就是你！"

郑渊洁不服气：我作文好，我有想象力，咋就没出息？

后来，从未上过大学的他成了当代颇有影响力的童话作家。当有人采访他成功的秘诀是什么时，他说了这样一句话："我找到了最佳才能区，每个人都有自己的最佳才能区，这是上帝赋予每个人的特殊能力，是任何人代替不了的。"

每个孩子都是独一无二的，都有自身的天赋，父母在日常生活中要细心观察孩子的言行，及时发现他在哪方面比较有天赋，适合哪个专业的学习。

2

思远性格内向，而且反应比别的孩子慢半拍，因此很多人都认为思远没有多大的出息。思远也因为周边人对他的嘲笑，失去了信心，他无论做什么都不是很积极。思远的妈妈廖娟为此很难过，她不相信自己的孩子会像别人说的那样是个"低能儿"。

一天，廖娟偶然看到孩子们在房间的地板上聚精会神地玩着什么游戏，她便问他们在干什么。孩子们就告诉廖娟说自己在玩思远发明的一个游戏。原来，思远很喜欢看科幻小说，他从一本科幻小说中得到启发并发明了这个游戏，后来姐姐和妹妹都很喜欢这个游戏，大家就一起玩起来。这让廖娟从中发现了思远与众不同的一面。

从此，只要思远按照自己的想法做事，廖娟都会给予表扬。同时，廖娟还尽可能多地让思远和外界接触，只要有时间就会带他出去，让他直接去听、去看、去做。

在思远做事的时候，廖娟很少干涉思远。每天放学后，思远做完功课就经常发一会儿呆，然后开始捣鼓一些组装品，有时候还会掏出书来，在纸上画着什么，而在思远做事的时候，廖娟很少干涉思远。

随着时间的推移，思远在自然科学尤其是数学方面的天分越发明显。上高中的时候，他代表学校参加全省科学大会并获得了发明奖。

3

成功学专家罗宾曾说："每个人身上都蕴藏着一份特殊的才能。那份才能犹如一位熟睡的巨人，等待着我们去唤醒它。"

就算是普通的孩子，只要教育得法，也可以成为不平凡的人。所以与其强迫孩子念书，要他上才艺班，不如专心培养他的成功特质，让他成为不平凡的人。

作为父母，你一定要相信：每个孩子都蕴藏着无法估量的潜能，都可以走进天才的殿堂。"先有伯乐后有千里马。"父母首先要成为发现孩子天赋的伯乐，使他在做选择时走上"直通车"一样的道路。

充分挖掘孩子的潜能，塑造孩子精彩的人生，是父母最伟大的使命。

第二章

教 育 焦 虑

——把财富留给孩子，不如把孩子变为财富

< < < < < < <

父母的教育方式要一致

许多父母认为，要管教孩子，必须是一个"唱红脸"，一个"唱白脸"。家长们以为只有"一严一慈""一软一硬"，相互配合，"软硬兼施"，才能教育好孩子。这种说法，似乎颇有道理，其实却犯了家庭教育中的大忌。

1

宋代史学家、文学家宋祁在《杂说》里说："父否母然，子无适从。"意思是说，在教育子女问题上，如果父母的意见不一致，那么子女就无所适从，教育效果就不会很好。

娇娇特别喜欢看动画片，所以放学回家第一件事就是打开电视机看动画片。

娇娇的妈妈觉得看电视时间多了会影响视力，况且有些浪费时间，不如去上个什么才艺班，于是规定娇娇每天只能看半个小时的动画片。这个决定让娇娇十分不满，甚至当天赌气不吃晚饭。

可是娇娇的爸爸却觉得，动画片形象生动，能丰富孩子的知识，锻炼孩子的想象力，多看看也没什么不好，因此反对妻子的做法。

双方在这个问题上争执了很长时间，也没有达成共识。

而结果是，娇娇渐渐觉得：妈妈很讨厌，总不让自己看动画片，爸爸比妈妈好。一天周末，娇娇急急跑到爸爸身边，叫喊道："爸爸，妈妈要打我，快帮忙。"

"怎么了宝贝？"

"妈妈嫌我的字迹潦草，让我撕掉重写，可是一会儿动画片就要开始了，我不写妈妈就要打我。"娇娇躲到爸爸后面。

爸爸不紧不慢地说："作业潦草点有啥关系，只要题做对了就可以了。"然后转身对娇娇说："不用怕，有老爸在，保准不让妈妈打到你！"

娇娇听了爸爸的话，幸灾乐祸地对着生气的妈妈做鬼脸，然后津津有味地看起了动画片。

父母"一个红脸，一个白脸"的家庭常常存在沟通问题，孩子会很自然地和支持自己的一方结成联盟，共同对抗不支持自己的一方。而不支持方则会因为越来越深的怨气而更加苛责孩子，进而形成恶性循环。

2

雷雷在和邻居小朋友一起玩儿的时候挣抢玩具，雷雷仗着比别的小朋友高，比别的小朋友有劲，最终玩具还是他抢到了。在挣抢中，他不小心推了壮壮一把，壮壮一个趔趄，摔倒了，头正巧碰到了身边的单杠上，肿起了一个大包。看见壮壮哭了起来，雷雷害怕了，哪还有玩儿的心思，急忙匆匆地跑回了家。

他把事情的经过告诉了妈妈和爸爸。妈妈说："没事，小朋友在一起玩儿哪有不摔碰，不受伤的？你又不是故意的，下回注意点就行了！"

而爸爸则是另一种观点："尽管你不是故意的，但你伤害到了他，也必须去向壮壮道歉，这样才能求得壮壮的原谅，他以后才会继续和你玩儿。你想想，要是你被人家碰伤了，人家根本不理你，你会是什么感觉？你是不是会很伤心呢？"

妈妈反驳说："人家父母都没说什么呢，你倒主动去认错了，怕人家不找你是吧？"

"让人家找上门来就晚了！"爸爸回敬道。

父母好一番唇枪舌剑，你来我往，互不妥协，室内的气氛立时紧张起来，而雷雷则隔着门缝注视着眼前的一切，眼里充满了茫然、困惑、无奈……

在教育孩子的问题上，父母有不同看法是很正常的，但因此而引起争端，使孩子能利用父母间的矛盾逃避自己应负的责任就不正常了。

3

佳佳一回家就喊："爸爸，我要吃冰激凌。"

"你中午不是吃过了吗，一天只能吃一根，吃多了会肚子疼的。"爸爸没有答应佳佳的要求。佳佳嘟着嘴跑出去了，爸爸还以为她同意了自己的观点。

可过了不到十分钟，佳佳又跑了回来。得意地对爸爸说："妈妈同意我吃了，你不信可以去问问。热死了，我要吃完才去写作业，要不然我不做作业了。"爸爸没办法，只好满足了佳佳的要求。

过了一会儿，佳佳的妈妈走来，无奈地笑着说："我说不过她，没办法就同意了。"

佳佳的爸爸意识到如果照此发展，会惯坏佳佳的。于是跟妻子好好地谈了一次，两人协商后决定：教育孩子时必须保持意见一致，以后有事大家要坐在一起商量，包括孩子，大家都说出自己的意见和理由，然后总结，找到最合理的结果，不然，这样下去只会害了孩子。

之后的日子里，佳佳有任何要求，父母都不会立刻做出决定，而是在征得对方的意见后再给佳佳结论，慢慢地佳佳就很少胡搅蛮缠了，再也不提无理要求了。

在教育孩子时，父母有分歧是正常现象。然而，千万不要在孩子面前公开流露，在可能的条件下，应事先进行商议，取得基本一致的意见。如果事先来不及商量，父母当中有一方先提出了要求，另一方要注意维护，有不同看法也应在教育后提出。

只有父母同唱一支歌，孩子才能从中得到益处，获得健康成长。

只要你一个眼神肯定，
我的努力就有意义

孩子独立完成的事情，无论结果有多么糟糕，都请记得，这是孩子独立完成的。独立已经可贵，为何还要苛求完美呢？因此，面对孩子，父母不要急于否定，应多加肯定，应循循善诱，指导孩子把事情做得更好。

1

当下社会有很多孩子，到了独立生活的年纪，却不会做饭，不会洗衣服，甚至连很简单的家务活都不会做，除了与长辈的溺爱有关，还跟长辈平时不肯定孩子的行为有很大的关系。

曾经遇到过两个高中生，他们在一起聊天，其中一个问另一个："我觉得我俩差不多，为什么你会做饭，而我就不会呢？"

另一个笑着回答说："我爸爸妈妈以前经常出差，上小学的时候，我就自己做饭，在厨房大展身手，炒了一个鸡蛋。他们尝了我的鸡蛋之后，说我做得很好吃，如果再加一点盐，就是厨神级别的水平。有了他们的肯定，我就有了信心，从那以后，我就涉足厨房了，不仅敢做饭，还会尝试很多新的菜式。我会做炒鸡蛋，还会做炸酱面、做鱼、炖肉，还会烙饼、包饺子。"

那个不会做饭的孩子说："我才不愿意做饭呢，我连厨房都不想进。有一次我心血来潮去做饭，好不容易做完了，我妈回来了，一进门就骂了我一顿，说我万一把手烫了怎么办，万一煤气泄漏怎么办，说了一大堆，我什么热情都没有了。"

孩子做饭这件事，本身就值得鼓励，第一位家长的做法会让孩子拥有信心，即便是步入社会，也能够独立处理事情，而第二位家长不仅不肯定孩子，反而埋怨一通，这不仅打击了孩子的自信心，更会让孩子觉得做饭是一件可怕的事情，是不对的，产生他不应该做饭的念头，那么在日后的生活当中，受到这种认识的影响，孩子就更加不愿意做饭了。

对孩子进行肯定，不是给予一句随便的表扬，而是精确地告诉孩子，哪些地方做对了，哪些地方不对，应该如何改正。要放手让孩子自己解决问题，以提高孩子自身的能力。

2

鲁鲁今年上幼儿园中班，同学们都称他为"闯祸精"，因为他每天不是惹这个小朋友哭，就是把那个小朋友撞倒了。鲁鲁的爸爸妈妈每天都活在担心和抱歉里，因为他们每天都能接到幼儿园老师的投诉以及小朋友家长的控诉，类似"鲁鲁今天上课又不专心""你儿子今天又欺负我女儿了""你儿子拿了我儿子的颜料没有还"等等。

最开始接到投诉，鲁鲁的妈妈还算耐心，先是跟老师和家长道歉赔不是，而且也没有怎么责怪鲁鲁，因为她觉得鲁鲁年纪还小，现在不大懂事，等长大了就好了。可是，当投诉与日俱增，鲁鲁的行为好像完全没有好转的现象，鲁鲁妈妈就有些着急了，在一天放学后跟鲁鲁约法三章："不准打架，不准欺负同学，不准破坏课堂秩序。"

鲁鲁接受了妈妈与自己的约定，在之后的日子里，行为的确有了收敛，鲁鲁妈妈收到的投诉少了很多。但没过多久，鲁鲁妈妈正在上班，突然就接到幼儿园老师的电话："鲁鲁把同桌的胳膊划破了，请您尽快赶到医院。"

鲁鲁妈妈立即请了假，把鲁鲁同桌安顿好之后，拎着鲁鲁回家。一路上，鲁鲁妈妈都板着脸，十分生气，鲁鲁跟在一旁，轻声说："妈妈对不起，这次是我不小心。"

"你们是在打架吗？上次不是约法三章不打架的吗？"

鲁鲁眼眶红了，委屈地说："妈妈，我没有打架。我真的是不小心，我在玩铅笔，我的笔尖不小心戳了他的胳膊，我不是故意的。"

看着鲁鲁的样子，鲁鲁妈妈收起自己的愤怒，舒了一口气："鲁鲁，这段日子，你已经有了很大的进步，妈妈需要表扬你，不过，妈妈希望你以后更加小心，不要让不小心伤害到自己的同学和朋友。"

因为妈妈的理解，鲁鲁破涕为笑，心中暗暗发誓要改正自己的缺点和错误。

在成长的过程中，父母总是会对孩子提出一些要求，有的要求，孩子努力后能够做到，但有些要求，即使通过自己的努力也无法达到，这时候的父母要如何给予孩子肯定？

答案是：肯定孩子努力的过程，即使他没能够达到规定的要求。切忌使用挖苦的方式刺激孩子，也不能用体罚的方式惩罚孩子，那样会让孩子失去信心，在困难面前畏畏缩缩。

当孩子经过自己的努力已经取得了进步时，即使还没有达到我们的要求，也应该给孩子以鼓励。

3

对孩子付出的努力要看在眼里，还要及时挂在嘴上。

奖赏是一种对人们行为的肯定，它会对受奖赏人的行为起到一定的强化作用。但是，如果奖赏不够及时，受奖赏者就会出现反应消退的迹象。

有一天晚上，小鸣的父母发现小鸣从放学回来之后就闷闷不乐的，试探着问他是不是遇到了什么事情。小鸣低沉着声音，说没有。小鸣的父母不信，他们能够察觉到小鸣的情绪低落，于是耐心询问，小鸣才慢慢说出原因，原来是班主任曾经在开学第一课时说过，只要谁为了班级献出一份力，就能够获得小星星的奖励，但是小鸣和几个同学上礼拜负责班级黑板报，一连忙了好几天，黑板报画完了，但班主任却没有分发小星星。

小鸣父母想了想，就此事与班主任进行了沟通，他们认为小鸣现在三年级，对于表扬和奖励表现出一定的向往，是可以理解的，这是一种追求上进的表现。

班主任觉得有道理，隔天就采取了补救措施，给小鸣和几位同学发了小星星。

但，小鸣放学回来，并没有父母想象中的开心，父母以为班主任还没有给予奖励，就问小鸣，小鸣却带着情绪说："发了，班主任今天补救了，不过我才不稀罕呢。"

小鸣的前后反应，在心理学上，其实是一种典型的延迟奖赏效应。如果在画完黑板报后，班主任能够及时地进行表扬并给予奖励，那奖赏会对小鸣和几位同学产生很大的鼓励，而班主任虽然采取了补救措施，但小鸣和几位同学对奖赏的期望值已经慢慢消退了，甚至产生了一种抵触的情绪。

由此可见，对孩子承诺下的奖励，一定要及时，不要打击孩子的积极性，因为一旦让孩子失望了，再试图去弥补，就收效甚微了。

不说孩子笨，
让孩子也不说自己笨

每个孩子都是独特的，都有自己的形象，而只有对自我形象有正确的认知，才能够形成恰当的信心去付出努力，才有可能在学习中取得好的成绩，而对自我形象的挖掘，则需要父母及时地进行鼓励，帮助孩子建立一个正确的自我形象。

1

一位母亲带着9岁的女儿来到一家儿童心理咨询机构，母亲对咨询师说："这孩子总是不认真学习，又贪玩，成绩又差，笨得要死。你给她测测智商看是多少，我也好心里有个数。"说着，母亲把身后的女儿推了过去。

咨询师测完后亲切地问："告诉叔叔，为什么你不用心学习呢？"小女孩愣了一会儿才说："我笨呗。"咨询师惊讶地问："你怎么知道你笨呢？"小女孩非常小声说："妈妈总说我笨，还总当着别人的面说。"咨询师一下子就明白了原因。

焦急的母亲忍不住问道："我的孩子到底有多笨啊？"咨询师却摇了摇头说："您女儿的智商是130，若是再高点儿就成超常儿了。您总给她戴'低能儿'的帽子，她自然就觉得自己笨了。"这位母亲听后，惊讶地张大了嘴巴，久久没有说话……

不知道有多少孩子，会像故事里的小女孩那样，被父母制作的"笨"标签、"低能"帽子压得喘不过气来。那些孩子也许和这个小女孩一样，智商根本不低，但父母却因为他学习不认真或其他什么原因就说他笨，这样父母也许会亲手毁掉人才。

父母期望孩子能有出息、出人头地，这都是人之常情，可以理解。但是，孩子的成长发展不尽相同，不是所有的孩子都是神童，父母不要用又高而又统一的标准来要求孩子。更何况，孩子对自我的认知与判断，一部分是来自于父母的态度的，而且这一部分在孩子的心目中还占有很大的分量。

若是父母只因为孩子接受能力差一些，或者理解速度比别人慢一些，就直接一口断定孩子笨的话，那随着时间的推移，他可能就真变笨了。

2

再来看一个相反的例子。

一个孩子上小学的时候数学差得出奇，一次考试得了29分，再一次考试是50分。爸爸却并没有骂他，反而说："你与上一次考试相比进步了啊！这是个了不起的飞跃，可见你还是很聪明的。只要你努力，一定没问题！"后来，这个孩子在爸爸的鼓励下渐渐地对数学产生了兴趣，成绩也越来越好。

有个许多人都知道的对联："说你行，你就行，不行也行；说不行，就不行，行也不行。"就是在讲这个简单的道理，不给孩子贴"笨"标签，多给予他希望，这就能让孩子积极发挥自己的才能，而且还有可能会激发出他的潜能。这样的做法，才是正确的教子方法。

不说孩子笨，让孩子也不说自己笨。

父母可以参考以下建议：

要知道孩子的实力在哪里。板凳宽，扁担长，各有优点。所以，孩子在哪些方面有优势？孩子的实力到底有多少？这些都需要父母通过认真观察来全面掌握，并让孩子自己也要了解自己的真实水平。

无论一个人的学习能力是强还是弱，只要是能在自己的基础水平上有所进步，就是好样的，就该是值得表扬的。清楚自己的实力，并能努力求取进步的人，我们称他为"有自知之明"、"有进取心"。若是父母能用这样的态度去对待孩子，那何愁他不会努力学习呢？

要帮助孩子建立正确的自我形象，父母首先要尊重孩子，还要多看到孩子的优点，多给他一些正面的评价。同时，父母也不要忽略或否定孩子的消极情绪，否则就会影响他的自我判断。而且，父母也不要帮助孩子下结论，否则孩子依然无法正确认识自己。

3

1968年的一天，美国心理学家罗森塔尔和福德一起来到了一所小学，他们从一至六年级每个年级中选出3个班，进行了一次"发展测验"。然后，他们将一份名单交给了教师，并用赞美的口吻说："这些学生将有可能有良好的发展。"

8个月后，两位心理学家再一次来到这所学校进行复试。结果，名单上学生的成绩都有了显著的进步，而且他们的性格也都非常开朗，都有很强的求知欲望，也敢于发表自己的不同见解，和老师的关系也非常融洽。

这就是心理学上著名的"罗森塔尔效应"，也叫"皮格马利翁效应"。其实，心理学家提供给老师的名单只是随机抽取的，但面对这份名单的老师却对这些学生有了积极的期待，学生受到了老师的影响，因此也就变得更加自信，他们就不知不觉地更加努力学习，结果就有了飞速的进步。

这个效应告诉我们：对一个人传递积极的期望，就会使他进步得更快，发展得更好。反之，向一个人传递消极的期望，则会使人自暴自弃，放弃努力。

所以，父母如果能以一个积极的态度去期望孩子，给予孩子最起码的信任，相信他可以尽自己的努力去学习，并能学有所成。那么孩子在父母的积极期望下，就非常有可能如那名单上的学生那样，获得长足的进步。

永远不要对孩子失去信心

坚持才是胜利，是因为在坚持的过程中，会遇到许多困难和挫折，而困难与挫折能够锻炼人的意志，培育人的性格，促进人的思想成熟，因此唯有永不言弃，唯有坚持不懈的努力才能取得最后的胜利。

父母需要让孩子在困难面前学会坚持，直到看到胜利的曙光。

1

曾经有一个著名的推销员，即将告别职业生涯，有很多同行希望他能够传授一些推销保险的秘诀。

推销员答应了，他专门办了一场演讲，演讲台上摆了一个大铁球和一个大铁锤。这时，推销员请了两位身强力壮的年轻人上台，希望他们用大铁锤敲打吊着的铁球，让它荡起来。其中一个年轻人抡起大锤，用尽全力向吊着的铁球砸去，但铁球却一动不动。另一个年轻人接过大铁锤，把吊球打得叮当响，但铁球仍然一动不动。

观众都笑了，大家都认为是因为铁球太大，所以肯定不会动。这个时候，推销员从口袋里掏出一个小锤子，对着那个巨大的铁球，认真地敲了一下，然后停了一会儿，再敲一下。

观众奇怪地看着，推销员不急不躁的，敲一下，停顿一下……

10分钟过去了，舞台下方开始骚动；20分钟过去了，舞台下方的观众更躁动了，推销员不为所动，一锤一停地继续敲。

40分钟过去了，坐在第一排的一个人青年人突然喊了一声："球动了！"一刹那，会场鸦雀无声，观众聚精会神地看着那个铁球。那个铁球以很小的弧度摆动起来，但很难被察觉。铁球在推销员一锤一锤的敲打中越荡越高，铁球拉动着铁架子，发出"哐"的声音，以巨大的威力震撼了在场的每一个观众。

推销员收起锤子，慢慢收进上衣口袋，慢慢地说："这就是我这么多年来的秘诀。坚持肯定会有收获的，但在这个过程当中，只有有耐心的人才能坚持。"

2

四岁的小杰和父母去上海旅游，在一家商店里买了一辆崭新的自行车。这辆自行车漂亮极了！它是宝蓝色的，布满了翠绿色的花纹，车身上还有几只米老鼠和唐老鸭。小杰喜欢极了！

买了自行车后，父母就让小杰学骑自行车。一开始，小杰还不会骑，接二连三地摔了好几跤。小杰问："妈妈，能不能给我示范一下？"妈妈微笑地说："好吧！"就骑着自行车转了几圈。小杰恍然大悟，原来骑自行车这么简单，胸有成竹地对父母说："我知道怎么骑了。"

小杰信心十足地骑上自行车。"啊！"小杰尖叫一声，摔了一个"四脚朝天"，这一跤可把小杰摔得"鼻青脸肿"、"遍体鳞伤"，信心百倍的小杰打算放弃了。

父母语重心长地鼓励小杰说："小杰，你既然开始学了，就不能放弃，要知道，坚持就是胜利。"小杰听了默不作声，父母又鼓励小杰说："失败是成功之母，妈妈相信小杰一定能成功的！"

小杰听了这话，坚定地点了头，又练起自行车来。这一次，小杰不怕摔跤，坚持了下来，最终学会了骑自行车。父母为小杰的坚持鼓励他一个玩具，小杰也为此学会了坚持。

3

小杰在父母的教育下学会了坚持下来，所以取得了成功，那么当父母在教育孩子的时候应该注意哪些方面呢？

首先，父母要让孩子树立信念。很多人在遇到困难和坎坷时选择继续坚持，是因为他们在一开始就抱有坚定的信念，是信念支撑着他们在困难的道路上永不放弃。一个好的信念会支撑人坚定地完成自己设定的目标。因此，父母要让孩子树立起坚定的信念，有了信念，孩子才能够更主动更积极地朝目标前进，而且能在遇到困难和挫折时，不轻言放弃，迎难而上。

其次，父母要教会孩子自我激励。人生很多时候都是独自一人的旅行，在遭遇挫折和困难时，父母和朋友给予的鼓励的确是很好的陪伴，但很多路还是要孩子自己一个人走，因此学会自我激励非常必要。自我激励能够让孩子调整自己的情绪，多产生积极的思维倾向，才能摆脱消极，从而不断坚持，直到战胜困难；自我激励能够让孩子在心中相信自己能够成功，有能力战胜困难，增强应对未来的自信心；自我激励能够让孩子意识到恰当的压力也是一种动力……学会了自我激励，就能在面对挫折的坦然中，激发潜能。

再者，父母要教会孩子做事有始有终。一件事只有从头做到尾，才能够真正体会到坚持的乐趣，才能够体会到成功的滋味。

最后，父母要教会孩子学会坚持。对于遇到困难和坎坷的孩子，父母要及时给予鼓励，鼓励孩子学会坚持，坚持一小时，一天，一个月，一年，最后坚持到获得成功。

好的教育不一定都用金钱助跑

金钱不是万能的，不能解决生活中遇到的所有问题。如果父母用金钱为孩子铺出一条"星光大道"，不仅不能为孩子创造美好未来，反而会让孩子失去独立自主的能力，过度依赖父母，从而给父母带来经济上的压力。

1

过去的中国父母始终坚持一个信条："再穷也不能穷孩子。"在这种思想的影响下，随着中国的经济条件越来越好，经济水平不断提高，中国父母的确能够为孩子提供越来越丰富的物质条件，但如今优越的物质条件却为孩子带去了更多羁绊。

生活水平的逐渐提高，却让越来越多的孩子失去了起码的独立生存能力。不能够在社会中独立生存，甚至缺少对父母的感恩之心，即使拥有特别的才能、斐然的成就，都不能够算一个健全的人。

于是，中国父母开始了漫长的反思，究竟该给孩子怎么样的生活呢？是"再穷也不能穷孩子"，还是"再富也不能富孩子"？

其实，贫穷和富裕都是大人的判断，孩子对金钱并没有非常清晰的概念，比如生日时，孩子收到各种各样的礼物，他们并不会因为礼物的贵贱而表现出不同程度的开心，他们只知道收到礼物是一件开心的事。因此，父母的目标是给孩子一个充满爱的成长环境，让孩子感受到快乐，让孩子的身心健康发展。

2

在美国费城纳尔逊中学门口有两尊雕塑，左边是一只苍鹰，右边是一匹奔马。雕塑所要表达的不是我们耳熟能详的"鹏程万里"和"马到成功"，而是象征一只饿死的鹰和一匹被剥了皮的马。

原来，那只苍鹰为了加速实现飞遍七大洲四大洋的伟大理想，练就了高超优雅的飞行本领，结果忘了学习觅食，只飞了4天就饿死了。那匹奔马嫌第一位主人——磨坊老板给的活多，就乞求上帝把它换到农夫家，而后又嫌农夫喂的饲料少，要求再换主人，最后到了皮匠家——不必干活，饲料又多，好不惬意。然而没过多少天，它的皮就被皮匠剥下来做了皮革。

为孩子塑造一个富裕的生活环境，满足孩子的所有愿望，其实是每一位"穷过"的父母的梦想和夙愿，但随着经济水平的不断提高，现在很多孩子成长需要的优越条件并不是所有父母都能够满足的。

因此，究竟是穷养还是富养，都要根据家庭的具体情况而定。家庭条件好的，自然可以在物质上给予孩子丰富一些，但这并不是提倡给孩子花不完的零用钱，或者配备数不尽的奢侈品，这样不仅会让孩子养成攀比的坏习惯，更不利于孩子的健康发展；而家庭条件一般的，尽力而为就可以，同时要耐心地向孩子解释自己的家庭条件，告诉孩子，在这个基础上，父母已经为你做出了最大限度的"富养"。

无论是穷养还是富养，都应该量体裁衣，适可而止，父母要掌握这个度，不能对孩子过分溺爱，孩子想要什么就买什么，也不能对孩子过分苛刻，故意制造苦环境。

物质上的投入必须花在有利于孩子健康发展的方面，比如教育或者兴趣上的培养，只要方法得当，就会得到理想的结果；而精神上的投入才是最重要的，父母应该从小培养孩子正确的价值观和金钱观。

3

"再穷不能穷孩子"只是一句名言，"再富不能富孩子"也只是一句名言，至于是穷养还是富养，其实都是养，都是父母为了达成为孩子营造不同成长环境的目标而选择的一种方式。如果经济能力允许，给孩子提供丰裕的物质支持并没有什么不好的，不必苛求孩子"穿破衣服""吃窝窝头"；当然，"满足孩子的所有需求"，或者"什么好的都给孩子"也没有必要。

父母在培养孩子的过程中，如果处处以钱衡量，就会在无形之中夸大钱在生活中的作用，潜移默化地影响孩子的金钱观，使得孩子过多地在意金钱，而忽略了诸如理性、宽容、爱等宝贵的东西。如果父母在花费金钱的过程中大手大脚，孩子就会觉得钱来得容易而不加珍惜，导致性格变得骄横，甚至采用各种手段威胁父母，以达到自己的目的。因此，父母不能够用财富埋葬孩子的前途，让孩子成为不思进取的无能之人。

物质生活上的"穷"或"富"都是浮于表面的现象，父母对孩子的养，最重要是指精神培养和知识与内涵的培养，是精神上的"富有"。父母养孩子，养到孩子长大成人，至于之后的发展主要看孩子自己的努力程度。

十九世纪第一个亿万富翁洛克菲勒，从他的子女小时候开始，他就故意不让他们知道自己是一个富人，并且无时无刻地向孩子灌输节约的观念，因为洛克菲勒认为如果不能够拥有正确的价值观，财富就能迅速带来伤害，让人变得堕落、腐化，甚至飞扬跋扈、不可一世，失去单纯、简单的快乐。

为了促进孩子的健康发展，父母要培养孩子正确的金钱观，比如钱不是万能的，不能够代替一切，因此不能过分看重钱，但钱的确在生活中起到了很大的作用，因此要"取之有道"。在教育的过程中，父母可以告诉孩子应该如何赚钱，要通过自己的努力赚取合法的钱。在赚了钱之后，要培养孩子的理财能力。

父母能够给予孩子的最大财富是让孩子形成健全的人格，拥有善良的心性、思考以及独立处事的能力。

所以，用财富为孩子助跑，不是不可以，但要掌握尺度。

退后一步，
再把手伸给孩子

在孩子们的兴趣和天赋还没有完全展露出来时，不要依赖父母凡事都给我们出谋划策，这样会扼杀孩子们的天赋的。学会给自己更多的自主空间，让孩子们学会自己做决定。相信孩子们能把事情做好。

1

安琪今年11岁，读小学五年级，她很听话，成绩也很好，但就是不怎么爱说话，文文静静的。有一天，她回到家，跟爸爸妈妈说："爸爸妈妈，老师让我去报名参加拼写竞赛。"

安琪妈妈显得特别兴奋："太棒了，你已经报名了吗？"

"还没有。"安琪轻声应答。

"为什么？"安琪爸爸问。

安琪顿了顿，说："我有点害怕，到时候舞台下会有很多人看着。"

安琪妈妈摸了摸安琪的头："宝贝，妈妈觉得你可以先报名，因为这能很好地锻炼你的能力。不过妈妈不强求，这件事还是要你自己决定。"说完后，安琪妈妈就关上门，让安琪自己一个人思考。

过了两天，老师打来电话，希望安琪的父母能够说服安琪报名参加比赛。

等安琪放学回到家，安琪妈妈在饭桌上语重心长地说："宝贝，爸爸妈妈不是强迫你报名参加这一次的比赛，因为这是你的事情，你需要自己做选择。不过，爸爸妈妈希望提供一些建议，比如参加这次比赛的利弊。我们认为，参加比赛能够训练你的智力，锻炼你的意志力。如果赢了，会拿到名次，会增强你的自信心；即便是输了，也没有关系，因为重要的是参与的过程，以及你在这个过程中的收获。安琪，你在我们的心目中一直是一个很棒的孩子，无论你是否参加比赛，都是如此。"

安琪爸爸说："今天老师往家里打电话了，她也很相信你的能力。爸爸希望你能够利用这个机会锻炼锻炼自己的胆量。"

在父母的鼓励和支持下，安琪终于鼓起勇气去报名了。

对于女儿的个性，安琪的父母很清楚，有一点怯懦，不敢想象一个人站在舞台上，面对着那么多的观众，但他们更清楚的是，女儿必须走出去，见一见丰富多彩的世界，为自己的生活增添色彩，也需要通过一些机会证明自己的实力，锻炼自己的胆量，激发自己的潜能。为此，安琪的父母知道他们不能催促安琪，要让她自己做出决定，而且要对安琪充满信心，为她加油打气，才能消除安琪面对比赛的压力。

通过这件事，安琪也逐渐变得独立了，也具备了相当大的勇气，而后抓住每一次锻炼自己的好机会。

2

父母要给孩子们一些自主权，让孩子们自己做出自己的决定。

同时，孩子们也希望父母能做我们坚强的后盾，给孩子们信心，相信孩子们的能力。

请父母放手，划出一块空间送给孩子们，因为这空间原本就是属于孩子们自己的东西。

在孩子们成长的过程中，应尽量给自己更多的自主空间。

每一位父母大概都忘不了自己的孩子走出自己的第一步时，自己的激动心情。如果父母能够留心孩子们发展过程中的每一个阶段，我想孩子们会有很多值得父母骄傲的地方。在孩子们成长发展过程的所有其他方面，如同孩子们迈出自己的第一步一样，需要不断重复。

孩子刚刚学走路的时候，父母一定陪伴在一旁。父母通常是面对着孩子，往后退一小步，然后把双手伸向孩子，刚好是孩子够不到的距离。这时候，父母就会鼓励孩子一步一步往前走，孩子就慢慢学会了走路。

父母都要给孩子一个空间，让孩子能够向前移动，自我发展，但又不能完全依靠父母，要让孩子学会独立。当孩子依靠自己的努力，终于扑进了父母的怀里，一定会感到激动，而父母也会为孩子自己的独立而感到欣慰。

走路是这样，日后的成长也是这样。父母要学会后退一步，给予孩子一定的施展空间，但也不用过多地担忧，不用给予过度的呵护，只要给予及时而适度的尊重、鼓励与支持，孩子们一定能在父母的爱中独立走向幸福之路。

3

一个具有健康人格的人是自由的人，而自由主要体现在这个人能够自主地、有选择的支配自己的行为。这种自主感不是凭空产生的，其中很大一部分来自少年期对自由支配时间的体验。

创造自己的自主空间，可以让孩子从下面几方面做起：

首先，遇事先自己拿主意。遇事先想该怎么办，自己做主，然后再听取父母的意见，从中学到解决问题的经验和技巧，这样才能使智力有所增长，培养自主的能力。

其次，尝试更多探索和试验的机会。允许自己独自在一定的限度内犯错误，甚至允许做错。但要学会从小独立思考和自我服务。

再者，当你充满信心去实践自己的主张时，不要太依赖外部的帮助。当你遇有困难时，不要轻易向父母求援或接受他们的帮助，随着你的长大和成熟，既要培养自己的责任心，又要有越来越多的独立性，你可以逐渐减少对父母的依赖和对他们的约束和服从，有更多的自由去管理自己的事情。

最后，学会从小自己做决定。一旦做出决定，就必须意识到要对选择后果负责任。比如，一个青少年如果在他得到一星期的零花钱的第一天就把它花光了，那么他就必须尝尝那个星期其余几天没有钱的滋味。自主能力往往都是在几次成功与失败的过程中树立起来的，不要太在意失败。

给孩子钱容易，
用钱培养一个好孩子难

人们很容易只看见钱的"物质"一面，而忽视了金钱的"精神"一面。让孩子从小认清金钱的本质，有助于培养他们正确的金钱观，理解金钱与人生的关系。

1

有些父母不愿意和孩子谈与钱有关的问题。其实金钱是一种概念，事实上，孩子从小就已从家庭、父母身上了解金钱概念了。父母在孩子小时就应该注意给他树立正确的金钱观，这个问题很重要。

宏远出生在一个知识分子家庭，16岁就考上了当地一所重点大学。从他记事起，爸爸妈妈就不曾过多地过问他花钱的情况。上大学后，看到一些从边远地区来的同学经常为一件衣服的价钱和衣店老板讨价还价时，宏远满是自豪。因为他不用去计较那些，他觉得自己的日子非常惬意。

18岁那年，宏远大三了，他已经提前一年修完所有学分并获得了学校保送读研究生的资格。他放假回到家里，爸爸妈妈拿出一沓子票据，这是他从小学到中学、再到大学，父母给他买书本、汇款等的单据以及他从家里存折划账的银行回单等等。爸爸妈妈指着所有的单据对他说，这就是你这些年里的全部花销。

从那时起，他变得节俭起来。宏远说，这些单据的说服力远远比偶尔花了冤枉钱时父母一顿教育要更有效果。

宏远还说，不管你前紧后松也好，还是前松后紧也好，告诉自己：反正钱就这么多！你自然就会管理好自己的花销了。

他说大四毕业前三个月，钱包里就剩下一千元了。他已经习惯了不向家里开口要钱，连妈妈在电话里问他钱还够用吗，他都用"我还有两千呢"来回答。问他为什么这样做，他说，如果妈妈真的给他更多的钱，他很有可能都会花掉，干脆就说自己还有两千，咬咬牙，反正也就这样过来了。

　　父母不教给孩子正确的金钱观，不利于孩子的成长，当他们长大后，一接触到钱就会不知所措，不知道钱怎样储存和怎样使钱的价值最大化，弄不好他们可能会不善理财，甚至产生更为严重的问题。

2

　　很多成功人士在小时候就有自己赚钱和打工的经历。

　　有一个美国小男孩，父母在生活上对他要求很严，平时很少给他零花钱。

　　8岁的时候，有一天他想去看电影，身上却无分文。是向爸妈要钱还是自己挣钱？他第一次开始思考这样的问题。一天吃早饭时，父亲让他去取报纸——送报员总是把报纸从花园篱笆中一个特制的管子里塞进来。想看报纸时必须到房子的入口处去取，需要走二三十步路，是非常麻烦的事情。

　　当他为父亲取回报纸的时候，一个主意诞生了，当天他就挨个按响邻居的门铃，对他们说，每个月只需付给他1美元，他就每天早晨把报纸塞到他们的房门下面。大多数人都同意了，这个小男孩很快就有了70多个顾客，成了一个名副其实的小报童。一个月后，他第一次赚到了一大笔钱，那时候，他觉得简直是飞上了天。

　　但他并没有满足现状。经过一段时间的思考，他决定让他的顾客每天把垃圾袋放在门前，然后由他早晨送报时顺便运到垃圾桶里——每个月另加1美元。他的客户们很赞赏这个点子，于是他的月收入增加了一倍。后来他还为别人喂宠物、看房子、给植物浇水，他的月收入随之直线上升。

一年后，他开始学习使用父亲的电脑。他学着写广告，而且开始把小孩子能够挣钱的方法全部写下来。因为他不断有新的主意，有了新主意就马上实施，所以很快他就有了丰厚的积蓄。他母亲帮他记账，好让他知道什么时候该向谁收钱。后来，他雇佣别的孩子帮忙，然后把收入的一半付给他们。

一个出版商注意到了他，并说服他写了一本书，书名叫《儿童挣钱的250个主意》。因此，他在12岁时，就成了一名畅销书作家。后来电视台邀请他参加许多儿童谈话节目，他在电视里表现得非常自然，受到许多观众的喜爱。到15岁的时候，他有了自己的谈话节目。

17岁时，他已经成了百万富翁。

3

指望用金钱堆砌出一个好孩子是一厢情愿的。实际上，给孩子金钱容易，用金钱培养一个好孩子却很难。

人生很多不断出现的问题都是伴随金钱而来的。在学习如何打理金钱的过程中，要正确有序地引导孩子。最重要的是给孩子树立正确的金钱价值观。这种价值观应包括：

金钱和物质不是天上掉下来的，是靠辛勤劳动换来的，让孩子知道劳动获得金钱的不易；

金钱能让人拥有物质条件，但不能代替美好的精神品格，幸福不是金钱可以买到的；

　　用正确的金钱观去培养孩子的责任感，学会帮助需要帮助的人，获得精神快乐；

　　学会合理支配金钱，让金钱在孩子的生活中处于合适的位置。

　　这需要父母有正确的金钱观和科学的教育技巧与方法。

　　因此，金钱教育在很大程度上，还是一种人格、品德教育。

　　聪明的父母在教育孩子时，特别注重告诉孩子一点——金钱却不等于财富。他们要孩子明白，金钱只是物质财富的一种，除了要追求物质财富，满足自己生活的需要外，更要懂得追求精神财富，只有拥有精神财富的人，才是真正富有的人。

第三章

沟通焦虑

——有多少父母，学不会好好说话

< < < < < < <

你着急，孩子未必就做得好点

很多父母，看不得孩子身上有一点点的毛病。总觉得自己对孩子的成长负有不可推卸的责任，如果看到了孩子的问题而不指出来，他将来就会成为一个坏孩子，他的前途就会堪忧。于是父母气急败坏，经常情绪失控……

1

从孩子上小学后，林雯觉得自己的神经就像一张绷紧的弓，时时处于紧张状态。原先大把的悠闲时光突然间不知被谁偷走了，她必须得一分一秒地计算，先安排好孩子的生活，才能做其他该做的事情，否则就会手忙脚乱。

为了让孩子睡够10个小时，林雯给她定的作息时间表是6:50起床，7点刷牙洗脸，7:15吃早饭，7:30出发上学。因为学校离家很近，走路只需要5分钟，所以只要严格按照时间表来执行，孩子肯定不会迟到。

可是常常已经是7:15了，孩子还赖在被窝里不愿意起床。林雯只好一边留神厨房里的牛奶有没有扑锅，鸡蛋有没有煮熟，一边抽空去喊她。一次次穿梭在厨房与孩子的卧室之间，林雯心里的火苗也腾腾地往上蹿，"快点！快点！"她声音也越来越大，越来越不耐烦。

孩子好歹起了床，刷牙洗脸却还是磨磨蹭蹭。她说要上厕所，林雯却发现她坐在马桶上发呆；给她梳小辫，她不干，非得自己梳，可一会儿要别这个卡子，一会儿要戴那个头花，换来换去就要10分钟。

等到吃饭时，往往只剩下5分钟了。林雯看她依然不紧不慢地吃着，真恨不得像她小时候那样，拿起勺子往她的嘴里喂。明明知道这样不行，会把她给惯坏了，可真担心她只吃那一小口饭，一上午的课哪里顶得住。长此以往，该影响长个儿了。

日复一日，每个清晨都是这样紧张、忙碌，像打仗一样，直到把她送走了，林雯才能长长地松一口气。而上班，甚至都成了一种休息，因为即使再忙，心情起码不会那么烦躁。

可等到晚上把她接回来，那些紧张和烦躁就又一点点回来了。虽说是一年级，作业不是很多，但经不住孩子磨蹭，一会儿起来吃点东西，一会儿上个厕所……10分钟的作业一个小时也做不完。林雯总是忍不住冲她发火，有时候说着说着，连自己都觉得烦。感觉自己就像一颗随时会被孩子引爆的炸弹，

当结束了一天的"战斗"，晚上看到孩子躺在床上发出轻微的鼾声、胖嘟嘟的小脸红扑扑的，林雯的心中立刻涌上无限的愧疚："对不起孩子，妈妈不应该冲你发火，应该对你有更多的耐心。"此时，她会忍不住在孩子的小脸上印下一个深深的吻。

可当又一个清早来临，一切依然重演……

2

小田的丈夫经常出差在外，既要忙工作又要照顾儿子，她时常为琐事烦躁不堪。忙碌一天后，躺在床上舒舒服服睡一觉成了小田最大的奢望。可一觉醒来，烦躁的心又骚乱不停。

女性在职场本来就有一种"不安全"感，年过35岁的小田更是深有体会，一旦工作不努力，随时就有可能被新人代替。可她越想专心时就越容易走神儿，"寒假要不要给儿子请家教，去哪里找老师，费用多少？"

这时，电话响了，传来儿子娇气的声音："妈妈，今天你忘了给我戴手套，下午要上体育课怎么办呀？"小田叹了口气："妈在上班呢，你今天坚持下，乖孩子，听话。"

5点，小田急匆匆地走向打卡机，然后跑下楼穿梭在拥挤的都市里。

接到儿子后，可能是因为手套的问题，儿子显得有点儿不高兴。路过一商店，他不走了，"妈，我想要个书包。""你的书包不是刚买的吗，怎么又要？"

"同学们用的都是名牌书包，就我的最俗，我想要个米奇的。"儿子撒娇。

小田气不打一处来，冲着儿子嚷道："这么大一点，你就学会攀比了？别人都考100分，你怎么每次都刚及格？"

儿子的眼泪倏地就涌了出来。

回到家，儿子说什么也不吃饭，气头上的小田把他又一顿痛斥。结果，儿子一边擦着眼泪一边问："妈，书包我不要了，可你为什么眼神儿那么凶，说话那么狠呀？你都好几次了……"

那一刻，小田愣住了，心里颤抖的同时也在自问："是呀，我为何控制不住自己的情绪，总跟儿子发脾气呢？他才是个8岁的孩子呀。"

3

有一点十分明显：很多父母，尤其是妈妈，觉得孩子上了学就不再是幼儿了，应有大孩子的行为规范，比如按照大人的要求完成任务、懂得刻苦品质的重要性，甚至知道为自己的前途作准备……

可是，父母有没有给孩子预备的时间？有没有在孩子生活节奏和内容改变之前逐渐完成必要的训练？

父母之所以这么焦虑，是不是自己也面对着一个改变——失去了大把的悠闲时光，打乱了原有的生活节奏？或者还想把自己不够完美的部分在孩子身上实现？再或者是，在心目中绘好了一个完美孩子的形象，然后把孩子往套子里塞？

这时的父母，多半已忘记了孩子不是父母的投射；已忘了孩子是孩子，有这个年龄特定的状态。

父母总是催促孩子吃饭、写作业作业、洗澡、睡觉，孩子很难安静地有耐心地去做一件事，也享受不到做事的成就感，久而久之，孩子也会养成为效率而生活、学习的习惯，对学习没耐心，遇到难题容易放弃，或者胡乱的完成。

如果家长真的没有办法做到让自己心平气和地看待孩子的问题，那么家长可以试着这样问自己："我着急，孩子就会做得好点吗？""我的急于求成，孩子能接受吗？"

与其喋喋不休，不如问到点子上

1

张女士最开始只是一个普通的上班族，而后成了亲子教育专家。

张女士说这一切都源自她儿子在学校发生的一件事。

儿子在上小学时，突然有一天，学校老师打电话叫张女士到学校。

在办公室里，老师当着儿子的面，对她喋喋不休地抱怨："你的儿子在学校里太淘气了……"张勤女士认真听了老师的抱怨，其实也不是什么大不了的事，就是小男生淘气了一点。但是老师数落了足足半小时。

张女士感到难过的是，当时她的儿子就站在一旁，听着老师的数落，他吓得在墙角抹眼泪，回去的路上，儿子也不说话，一边走一边哭，不管张女士怎么安慰，也停不下来。

这时，她突然想到，老师作为专业的教育工作者，都不能够与孩子进行顺利的沟通，而自己作为一个家长呢？是不是会在沟通的过程中出现更多的问题？想到这里，张女士决心开始研究如何做一个好家长。

在学习的过程中，张女士认识到，如果反复对孩子进行数落，喋喋不休地指责，时间长了，孩子不仅会感到厌烦，而且也根本改正错误。

后来，张女士一直主张，父母要适度运用语言，要提高说话质量，减少说话数量，只有及时、有效地沟通引导，才能让说出的每一句话都进入孩子的心里，才能在孩子的心中引起掷地有声的反响。

2

很多父母在面对孩子时，免不了唠叨，但鉴于唠叨的反面效果，所以在特别想唠叨的时候，父母得先忍一忍，然后改一改方式，把"唠叨"变成"提问"。

在很多家庭当中，肯定会出现这样的场景：孩子刚开始要写作业，却顺手打开了音响。家长在一旁看到了，脱口而出的话一定是"小孩子做事不能一心二用""都说了几次了，让你写作业时候要认真"等等，但其实这些唠叨并没有用。

这时不如换成提问："为什么你做作业的时候要听音响呢？这其中有什么科学道理吗？"

聪明的孩子可能会给出"音乐能够激活大脑""左右脑需要协调"等新奇的答案，这时，愿意学习的父母可以给出更新奇的资料，说："通过科学对比试验，证明音乐真的能够激活大脑，不过也有实验正面，专心学习的效果要大于一边听音乐一边学习。"这样的"一问一答"比"唠叨"起码高明了千百倍。

如果孩子某件事做错了，父母不要直接指责，更不要时时记着这件事，揪着小辫子不放，在日后说个不停。与其向孩子说教"你这样做的坏处是什么""你这样做是肯定不对的"，不如换成提问的方式"你这样做是因为什么呢"或者"如果你换一种做法，会不会有不一样的效果"。

在这样的提问下，孩子能够自觉发现自己的错误，并且进行改正。

3

把唠叨变成提问，其实有很多好处。

首先，有利于亲子关系的融洽。根据一项社会调查，问"我最喜欢的父母是怎么样的"，在孩子们的答案中，"讲话精练""说话有重点""不唠叨"是被频繁勾选的选项。在现实生活中，父母的地位总是高于孩子，平等对话好像是很难实现的事。这时，如果父母能够虚心地向孩子提问，孩子一定会感到讶异，并且乐于为父母解答，不会觉得厌烦。

其次，有利于开发孩子的智力。在成长初期，孩子做事情其实都是随意做，并没有动脑的习惯，而父母不断向孩子提问，就会让孩子开始动脑思考，从而养成思考的好习惯。

再者，有利于对孩子的认知水平有清晰的了解。在父母对孩子进行提问后，一般会出现三种情况，一种是正确的，如普通孩子一样，对简单的知识有如大众般的判断；第二种是孩子不仅回答正确，而且非常精彩，完全超过了父母原本的了解，这是父母可以采取更适合孩子的教育方式；第三种是错误的，父母可以根据孩子的错误认知进行教导，让他们知道哪里错了，该如何改正。

当然，父母需要切记的是，在向孩子提问时，态度要和蔼，不能摆着架子，不能变相唠叨，把提问变成一场居高临下的审问。

仔细解析一下孩子的"话外音"

孩子们为什么越大越不想和父母说话呢？因为他们认为："跟父母说也没有用。"在孩子刚要开始说话的时候，很多父母都会用老祖宗留给我们的金科玉律"小孩子有耳没嘴"来搪塞孩子想说的话。长此以往，孩子的心灵就会被封闭。在这种情况下，怎么能够听懂孩子的弦外之音，言外之意呢？

1

为人父母的总想着把最好的给孩子，为孩子付出了很多，但在这样的过程中，越来越多的父母却有了抱怨：为什么我们与孩子之间的距离越来越远？难道真的"三岁一代沟"吗？为什么我都不知道他每天都在想什么？

如果你不知道孩子的哪些话里面有弦外之音，那么，就先看看下面的孩子是怎么说的吧！

情景一：

看见邻居家的小朋友手中拿着一个冰激凌，儿子抬起脸庞，天真地对爸爸说："爸爸，天气好热啊。"

爸爸说："怎么会热？"

情景二：

妈妈对女儿说："不要再看漫画书了！"

女儿回答说："妈妈不是说让人快乐的书就是好书吗？漫画书让我快乐，不也是好书吗？"

母亲愕然，只好回答了一句："……作业写完了再看吧。"

情景三：

君君说："爸爸，老师今天表扬明明了。"

爸爸说："是吗？那你可要好好向他学习啊。"

说完了这句，父亲发现儿子的眼神竟有些黯淡。

……

明明想要吃冰激凌，却不直接说想吃，而是说天气热；明明内心想要看漫画书，也不直接说自己想看，反而用父母的话来让父母哑口无言；明明想要得到父母的表扬，也不直接说自己希望，而是说"老师今天表扬了明明"来表达自己的渴望……在父母毫无察觉的情况下，孩子早已经学会使用"话外音"了。有时候，孩子身上这些不被轻易察觉的微小的智慧，真让父母"佩服"。

2

为了听懂孩子的说话，为人父母者首先就要听懂孩子的"话外音"，仔细琢磨孩子的"话外音"。

陈先生的女儿很有个性，特别有主见。

有一个周末，陈先生实现之前的约定，带着女儿去中央公园放风筝。到了公园门口，陈先生想要去看湖边的老人下棋，所以就对女儿说："爸爸想去那边看看，你自己去放风筝吧，可以吗？"

女儿看穿了爸爸的心思，笑了笑："可以。"

"玩得开心点，但要千万注意自己的安全。"

女儿点点头，带着疑问："爸爸，我到底要怎么做？究竟是玩得开心点，还是注意自己的安全？"

陈先生一愣，他很快听出了女儿的"话外音"。女儿的意思是，如果爸爸你让我玩得开心点，那我可就不能保证自己的安全；如果爸爸要我关注自己的安全，那我可能就玩得不开心了。想到这，陈先生笑了笑："当然安全第一，其次才是开心。"

读到这里，我们不得不佩服孩子的这些小智慧。作为家长，千万不要小瞧自己的孩子，他们其实是很机灵的。当你面对这样的孩子，和这样的孩子进行沟通的时候，千万不要直白地理解，否则很容易误解孩子的意思。为了让自己和孩子的沟通进行得顺利，当孩子出现了"话外音"的时候，要为他们感到由衷地高兴。

最近一段时间，健健像是变了个人似的，总是在"唱反调"。

妈妈带健健去商场为外婆挑选生日礼物，外婆一向疼爱健健，健健也很喜欢外婆，可是那天他却很不高兴地说："我不想让妈妈给外婆送礼物。"

明明是他喜欢喝的果汁，可是等妈妈将果汁倒进杯里的时候，他却说："不喝。"

爸爸出差回来，开心地问健健："这几天，想爸爸没有？"健健前一天晚上还因为想爸爸而大哭了一场，但在面对爸爸的问题时，却回答说："不想！"

如果遇到上面的这些情况，做父母的，可就要仔细解析一下孩子的"话外音"了。

就像健健，当他说"不喝"的时候，其实，他的内心是想喝的；当他说"我不想让妈妈给外婆送礼物"的时候，其实内心想的是自己给外婆买个礼物；当孩子说"不想爸爸"的时候，其实是在说"我很想爸爸"……当孩子讲述一件事的时候，不只是要就事件本身与孩子进行探讨，而是要分析孩子说话的意图等，这就是要学会听懂孩子的"话外音"。

聪明的父母一定是可以觉察出这一点的。

3

有些父母可能会觉得，孩子的年纪还这么小，怎么就学会说一些大人才会说的话了，这都是从哪里学的呀？其实，孩子能够通过一些非正面的描述表达自己的想法，并不一定是孩子学坏了。从某种意义上说，孩子有这样的举动，只能说明孩子的思考能力加强了，思维活跃程度提高了。

童童今年5岁，正在上幼儿园。一个星期五，童童的父母去参加幼儿园的家长会。会后，老师单独向童童的父母反映，童童在幼儿园里不和其他小朋友说话，也很少和别的小朋友一起玩。甚至有时候，老师组织小朋友们一起出去活动，他总是找理由不去。

童童的父母听了老师的话，想了想童童最近的反应。每天早上要去幼儿园时，童童总是哭，哭着嚷着不想去，他们突然有点担心儿子是不是不愿意去幼儿园。

回到家后，童童的父母就耐心地问儿子："童童，你为什么不跟其他小朋友玩呢？"

童童回答说："他们都不愿意跟我玩！"

爸妈听了之后，说："他们不与你玩，你可以主动找他们玩呀。"

但是，童童却摆摆手，说："我就不找他们玩，谁让他们不找我玩的。"

……

遇到童童这样的孩子，做父母的应该怎么做呢？童童父母那一句"他们不跟你玩，你可以主动找他们玩呀"，是很多父母都会说的话，但这句话不仅不能够消除孩子的烦恼，还可能会让孩子觉得不愉快。

这时候，如果童童的父母察觉到孩子的"话外音"，问一句："哦，他们不跟你玩，你很生气？"当孩子发现父母能够理解孩子表达的情绪时，他们会觉得很感动，才会更加放心地说出自己的情绪。

因此，当孩子已经学会了"话外音"这一表达方式的时候，当孩子的表达不再直白而是有些拐弯抹角的时候，父母根本就用不着为此过于大惊小怪，而要以平常心对待，积极应对，给予孩子深深的理解，听懂孩子的"话外音"，争取搞明白孩子的真正意图，这样，才不会给孩子造成不适感和挫败感，才能实现和孩子的畅通交流。

学会"蹲下来"对话

无论是做什么事，只要牵扯到孩子，父母都不能自作主张，要学会与孩子协商，取得孩子的认同。唯有在这样的关系氛围当中，孩子才会逐渐养成民主的习惯。

1

李刚的父母正处于创业的初期阶段，白天黑夜顾不了家。李刚的父母将实情告诉了孩子："儿子，爸爸妈妈近期总是很忙。以后没有太多的时间照顾你，该怎么办呢？"

李刚说："你们要是忙，就不用照顾我了。我会自己安排好时间学习的，同样，我也会照顾好奶奶的。"

看到儿子能够这样做，李刚的父母都很欣慰。从那以后，李刚每天回到家写完作业之后，都会主动照顾奶奶，有时候，父母回家累了，他还会为父母捶捶背，揉揉肩。

李刚一直都记着父母对自己说的"我们都是家庭中的一员，要相亲相爱，尽职尽责"。他做到了！他关心着家里的每一个人，最重要的是，他的学习一点都没有耽误。

父母要时刻记得，孩子是家庭重要的一分子，许多和他们有关的事情，都要弯下腰和他们平等地商量。当一家人坐在一起商量某件事的时候，大人和孩子都会将各自的观点摆出来。

当孩子反抗父母时，父母肯定希望自己在家中的地位不受到挑战，所以会希望能够利用父母的权威压制住孩子，从而让孩子改变态度，服从自己的。可实际上，父母这样做的结果，不仅不能够让孩子改变主意去听从父母的意见，还可能会让孩子产生叛逆心理，让亲子关系进一步恶化。

当出现这种情况时，父母要让孩子体会到父母对自己的尊重，因此在沟通时要使用协商的口吻，唯有这样，孩子才会心甘情愿接受父母的意见。

2

为了让女儿蓁蓁养成良好的学习习惯，刘柳在跟女儿商量之后，制定了一套学习时间表，女儿也答应按照时间做作业、玩游戏和休息。刘柳为女儿的懂事而开心，但有一天她因为出差提前回到了家，却发现女儿并没有按照规定做作业，反而是在房间里聚精会神地玩玩具。

刘柳打开门，眼神严厉地盯着女儿："蓁蓁，你在做什么？"

蓁蓁一听到声音，急忙把玩具藏到身后，故作镇定地说："妈妈，我做了一个小时的作业，刚刚才坐下来玩玩具。"

刘柳完全不信，她严厉地说："蓁蓁，你真是太让妈妈伤心了。你违背了我们之间的约定，而且明明犯错了，还为自己找理由。你懂不懂妈妈制定时间表是为了什么？你知道不知道这么做会给自己造成什么样的影响？"

"妈妈……"

看到女儿要申辩，刘柳马上制止住了："不用解释了，妈妈真的觉得太失望了。"

蓁蓁顶嘴了一句："那你不要管我好了。"

听到这，刘柳瞪着眼，明显提高了声音："你说什么？"说完这句话的蓁蓁大概也发现自己说错话了，心里也恐慌，但刘柳却依旧步步进逼："妈妈不管你，去管谁？管你是我的责任，你想想，如果你不是我的女儿，我为什么要管你？你马上回房间反省反省，还有，这周末的活动取消，你不能去姥姥家玩。"

"为什么？"蓁蓁大叫起来，"你为什么不让我去？我要去，我要去，我就要去。你是一个坏妈妈，我讨厌你。"

看着女儿充满愤怒和绝望的表情，刘柳也觉得自己的话说得严重了，她知道女儿很喜欢姥姥，每周都希望能跟姥姥相处，但是作为父母的自尊却阻止她找台阶下，依旧咄咄逼人："蓁蓁，是你自己错过这次机会的。"

"这跟我去看姥姥有什么关系吗？我就要去看姥姥，我一定要去看姥姥。"蓁蓁气得直跳脚。

刘柳加大了声音："你马上停止你的无理取闹，不然我要发火了。"

"你已经发火了。"蓁蓁眼神直勾勾地看着刘柳，"你拿我怎么样呢?"

刘柳气得直接在蓁蓁的背上狠拍了两下，声音很重，蓁蓁"哇"的一声哭了出来，直接冲回自己的房间，把门用力地关上。

事情发展到这，刘柳的气终于泄了，但她的内心感觉到很大的内疚感，感觉自己被打败了。她对女儿抱着很大的希望，当回来看到蓁蓁在玩玩具，首先想的就是女儿不在意自己定下的时间表，忽视自己的付出，委屈和辛苦一下子就涌了上来，因此失去理智，没能够用商量的口吻处理与女儿的冲突，也没有给女儿解释的机会，就给女儿"定了罪"。

3

诚然，对孩子不关心、不在意的父母一定是不称职的父母，但强求孩子、一旦出了问题就用不正确的方式进行处理的父母，不管内心是多么关心孩子，在我们看来，也一定是个失职的父母，因为他们没有做到和孩子进行协商。

父母与子女的相互信任是成功家教的重要因素。只有父母放下架子，与孩子进行协商来处理问题，孩子才会愿意接受父母的建议，共同解决问题。要想和孩子实现更好的沟通，就要经常从孩子的观点上来思考问题，从孩子的角度来观察、决定事情。与其用命令的方式对孩子指东指西，不如蹲下来好好和孩子说话更奏效。

很多案例表明，如果父母长期以居高临下的姿态跟孩子说话，不仅不能够达到沟通的效果，反而会让孩子产生叛逆心理。唯有父母摆低姿态，把孩子当成朋友一样商量事情，才会让孩子感受到平等，让孩子乐于与父母交流。

能生活在平等、民主的家庭氛围当中，能拥有平等、民主的父母，是孩子的幸运。

大人说话，
孩子也可以适当插嘴

如果是孩子可以参与的话题，父母都应该让他积极参与进来。而且作为家庭成员的一分子，孩子一样有权利知道家里发生的大小事情。如果父母实在不想让孩子知道一些事情，那么最好不要当着他的面谈论这些话题。

1

在生活中，经常会遇到这种情况，成人说话的时候，孩子由于好奇心提出疑问或发表自己的见解，但父母却往往以一句"大人说话，小孩不要插嘴"就把孩子拒绝了。

很多父母都认为这是合理的，因为在别人说话的时候，孩子突然插嘴进来，打断别人很不礼貌，而且大人谈论的话题，孩子又不懂，没必要让他知道。

如果站在父母的角度，这种做法有一定道理。但是，如果站在孩子的角度的话，父母的这句话只会让他觉得自己已经被父母从他们的世界分离出来了，没有把他当成一个平等的交流对象。试想，如果一开始就让孩子有一种不平等的感觉。在以后的交流过程中，父母怎么和孩子沟通，又怎么了解孩子的想法呢？

饭桌上，妈妈和爸爸在谈论一些问题。8岁的灵灵可能觉得大人们都不理自己，有被忽略的感觉。于是，灵灵夹着菜说："妈妈，这个菜很好吃，叫什么名字啊？"

爸爸当时正因为工作上的事情心烦，不耐烦地说："没看见我和你妈妈正在说话吗？大人说话的时候，小孩子不能插嘴，知道吗？"

爸爸本以为这样一句话能把孩子镇压住，可没想到灵灵反驳一句，说："我和妈妈也正在说话呢！我们说话的时候，你也不能插嘴。"爸爸听了，顿时被气得哑口无言。

其实，别看孩子年龄小，并不是什么都不懂。爸爸的一番话使灵灵有一种不被尊重的感觉，所以她才反驳。如果这个时候，爸爸能够心平气和地说："我和妈妈正在商量正经事，等我们商量完了，再回答你的问题，行吗？"相信此时的灵灵一定能理解爸爸的心情。

2

一位家长曾一直认为"大人说话，小孩不要插嘴"这句话是合理的，所以一旦大人说话，孩子插嘴，都会冒出这句话来制止他的提问。可是，自从知道这句话对孩子的伤害后，这位家长决定"戒掉"这句话。

一次，在公交车上，妈妈和小姨聊着天，6岁的聪聪坐在一旁听得很入神。当妈妈和小姨谈论到一部电影时，聪聪插嘴问："妈妈，你们在说什么呢？那个男的和女的怎么了？"

当时妈妈很庆幸那句话没有脱口而出，仔细思考了一番后，解释道："我们在谈论电影里一个男的和女的要离婚。"聪聪皱了皱眉，问："他们为什么要离婚呢？"妈妈回答："因为他们在一起不快乐。"聪聪似懂非懂地"哦"了一声。

接着，妈妈对他说："以后大人在说话时，一定要等别人把话说完，你再提问，这样才更礼貌。"聪聪听了，点了点头。

其实，孩子是有求知欲的，也有一定的判断力。如果父母一句"大人的事，小孩别管"就制止孩子的请求，会大大打消他探索和求知的积极性。

如果像以上这位妈妈那样，耐心地给孩子讲解，同时告诉他等别人把话说完，再发表自己的见解是更礼貌的行为，相信孩子更能够接受妈妈的建议。

3

因此，当成人们在谈论一些适合孩子参与的话题的时候，父母应该积极鼓励孩子参与其中。

那具体该怎么做呢？

一是把孩子当作独立的人来养育。

教育孩子首先要尊重他，他才能学会尊重别人，这是真理。尊重的前提就是父母要从小把孩子当作一个独立的人来养育，尊重他的表达需要，让他自由发表意见。

如果大人谈话时，孩子在场的确不方便，父母可以用温和的语言告诉他，让他暂时回避；或者转移他的注意力，让他做些别的事情。在孩子还没有学会用恰当的方式发表自己的见解时，切忌大声呵斥孩子，更不能说一些"大人说话，小孩不许插嘴"、"大人的事，小孩别管"诸如此类的话责怪他，尤其不能在外人面前这样责怪他，以免伤害他自尊心。

二是要给孩子表达的机会。

一位母亲带着10岁的儿子去看心理咨询师。母亲喋喋不休地数落着儿子上课做小动作、不按时完成作业、欺负同学等种种恶行。儿子则坐在母亲身边一言不发。

这时，心理咨询师拿出一张纸来让男孩画一张自画像。画完后，这个头像没有嘴，问及原因，男孩说："我在家里只需要耳朵，不需要嘴巴。"

男孩的画表现出了他在家庭中扮演的角色，永远只是一个被训斥者。父母都应该认真反省，在生活中，自己是不是也无形中把孩子说话的权利给剥夺了，而孩子真正的想法，自己从来就没有关心过？如果是这样的话，父母要马上改正，少说一些话，多听听孩子的心声。

三是告诉孩子打断别人是不礼貌的行为。

有些孩子特别喜欢表现自己，听到别人说某件事，就情不自禁地把自己知道的全都说出来，甚至抢话说。其实，孩子这种表现很正常，他只是希望引起大家的注意而已，尤其是父母在谈话的时候，他希望父母多关注自己，因此，他试图以各种方式打断谈话。

这种情况下，父母要多多反省，自己是不是平时对孩子关注得太少了。如果是这样，父母就应该多抽出时间来陪陪孩子。

当然，父母要告诉孩子，随便打断别人谈话是对别人的不尊重，是不礼貌的行为；同时，还要告诉他在与别人交谈时，要认真倾听对方的谈话，当别人的话说完或者询问意见时，再发表自己的见解。

父母之间说话时要互相尊重，语气平和，语言得体，不能轻易插嘴，更不能互相争吵，为孩子作出表率。

四是大人说话时，适当鼓励孩子参与。

平时，父母在聊天时觉得自己谈论的都是"正经事"，所以不许孩子参与。

其实，在大人的"正经事"中，孩子可以了解社会、了解大人的生活。如果孩子参与其中，正好可以借此机会锻炼他的表达能力和独立思考能力。因此，父母应该多鼓励孩子发表观点。

一般来说，喜欢插嘴、抢话的孩子思维都比较活跃，能跟得上大人说话的节奏，也能理解部分内容。所以，父母要以积极的态度来看待这种现象。当父母听到孩子正确的插话时，要适当地给予表扬，这样可以鼓励孩子更加积极地思考。

当然，允许、鼓励孩子插嘴还要分情况，有些话题不适合孩子参与，父母就不要在孩子面前谈论，或是把他支开。

用真诚构建亲子信任

父母只有放下架子，在生活中尊重孩子，以平等的身份对待孩子，才能与孩子建立相互之间的信任，成为孩子的知心朋友，才能实现成功的亲子沟通。

1

孩子往往喜欢与家庭以外的成人交往，因为那些成人对待他们很像同辈，而孩子在家庭中往往就感受不到这种气氛。

很多父母在面对孩子时，总会忍不住陷入等级制度里，把自己变成上级，孩子是自己的下级，时时刻刻强调作为长辈的尊严，而不去估计孩子本身的想法。父母总认为自己是对的，而孩子不管如何都是错的。这样做，不仅得不到孩子的认同，还容易引起他们的反感，破坏父母在他们心目中的形象，因而达不到预期的教育效果。

其实，在与孩子的交往中，父母应该扮演的不是一种独断的角色，而是平等和民主的角色。在家庭的教育过程中，孩子虽然扮演的是子女的角色，但他们与父母一样，都有自己的自尊和价值，理应受到尊重，所以父母在生活中要尊重孩子，父母要把自己放在一个平等的角度来与孩子交往，才能在教育孩子时，让孩子对自己更加信服。

但是父母还应看到，在生活中，光有父母对孩子的尊重是不够的，还要与孩子建立相互的信任，让父母成为孩子的知心朋友。

而建立和孩子之间相互信任的最佳手段，也莫过于把自己放到孩子的位置上，站到孩子的角度去看问题。

2

蔡琳正在做晚饭，女儿林达放学回家了，跑到厨房跟自己抱怨："妈妈，老师当着全班同学的面大声斥责我。"

听到这，蔡琳条件反射似的转过头，质问："你做了什么坏事？"

林达站得理直气壮，生气地说："我什么都没有做。"

"那老师为什么无缘无故地斥责你呢？一定是你犯错了吧？"

林达听了很生气，气嘟嘟地回到客厅，一副不开心的样子。蔡琳放下手中的活，穿着围裙跟到客厅："那你怎么打算解决这个问题呢？"

"我什么也不做。"林达倔强地说。

蔡琳本想再教育一番，但她突然意识到，如果她再这么和林达纠缠下去，母女之间一定会产生对立，解决不了任何问题。

想到这，蔡琳改变了态度，语气温和地说："你当时是不是觉得很尴尬？老师在全班面前斥责你。我以前上学的时候，也遇到过同样的事情。我不过是在数学课堂测验的时候，问同学借块橡皮，老师就直接冤枉我偷看。"

"真的吗？"林达拿着怀疑的眼神抬头看了一眼蔡琳。

"当然。我当时觉得很委屈，也觉得很气愤很尴尬。"

林达舒了一口气，笑着说："我也是这样。在上课的时候，我向朋友借了一支铅笔，因为我自己没有铅笔了。就这样简单的事情，老师直接当着全班同学的面斥责我，真不公平。"

"原来如此。"蔡琳笑了笑，"这种尴尬的局面，你肯定是不想要经历第二次了吧。你有没有什么办法能够避免呢？"

"有啊。"林达露出轻松的样子，"我明天开始多准备一支铅笔，这样就不用为了向别人借而打断老师上课了。"

"这个主意真不错。"

父母与孩子之间的相互信任是他们关系的重要方面，因为不信任会使亲子关系出现抵触现象，直接影响教育质量。因此，作为合格的父母，必须尊重和信任孩子，必须要能够站到孩子的角度，和孩子一齐看待问题和处理问题。

3

父母想要成为孩子的知心朋友，就应该学会站在孩子的角度去看问题，就应该做到以下几点：

第一，对待孩子应该真诚。

在孩子的交往中，不能掺和任何虚假的成分。如果工作没有做好，父母可以直接坦白说自己很灰心；如果对孩子的做法很生气，父母可以直接对孩子表露感受，用隐晦的方式并不奏效。因此，父母在与孩子交往的过程中，要清楚地意识到自己在想什么，在做什么，同时也要向孩子敞开心扉，真诚地表露感受。

第二，放弃大人的成见。

尽管提倡父母与孩子平等相处，但父母需要明白的是，大人有大人的世界，孩子有孩子的世界，这两个世界是不一样的。如果大人执意要让孩子学会大人世界的规则，亲子关系势必会遇到很多不愉快。因此，父母要学会跳出自己的世界，进入孩子的世界，用孩子的眼光认识、了解孩子。

第三，学会换位思考。

大文豪苏轼曾经写过："横看成岭侧成峰，远近高低各不同。"意思是，站在不同的位置上，会看到不同的风景。这句诗也可以运用到生活当中，处于不同立场的人会产生不同的想法和观念。作为父母，当孩子遇到问题时，要学会换位思考，要站在孩子的位置和角度上看待发生的问题，认真分析并解决，才能够真正有效地解决问题。同时，换位思考还能够迅速了解孩子的真实想法，让亲子关系更为融洽。

总之，父母与孩子之间不是上下级的关系，也不是主人与奴隶的关系，而是一种基于自身价值的平等、尊重和信任的关系。父母只有尊重并理解孩子，站在孩子的角度思考问题，才能够赢得孩子的信赖。

请善待孩子的朋友

作为父母，都有这样一种体会：回忆起童年生活时总感觉非常兴奋，对孩提的朋友更是感到特别亲密，说起与孩提朋友一起做的各种趣事，如数家珍。

父母的经历说明：孩子需要朋友，孩童时代的友谊是非常珍贵的。朋友的缺失不仅使孩子的童年孤独，而且对孩子的身心健康极为不利。因此，父母应该珍视孩子的朋友，通过赏识和尊重孩子的朋友，培养孩子团结友爱、协作互助的良好习惯和健康的心灵。

1

一个人的个性总是在特定的社会环境下，通过与他人的交往逐步形成的。人们兴趣的培养、情绪的控制和能力的发展，都离不开交往。正是交往，才使孩子有了更多的学习各种知识并获得社会经验的机会。哈里·哈洛博士曾通过实验证明：让孩子多与外界接触和交流，不但可以促进孩子的智能发展，同时也有利于培养他们的协调性和社会性。而限制孩子的交友权既影响孩子的交往能力，也不利于孩子良好意志品质的形成，还会造成孩子长大后不能适应复杂的社会生活，产生自卑、抑郁、厌世等不良心理。

闵凯是一个性格内向、成绩优异的好孩子，可他在学校里却总喜欢一个人独来独往，几乎没有什么朋友。

在闵凯还很小的时候，妈妈嫌外面空气污染严重，就很少抱孩子出门玩。再往后抱着闵凯出门的时候，妈妈也不太愿意让别人碰孩子，一怕孩子沾染上细菌，二怕孩子以后没有警惕性，被陌生人拐走。这样做的结果就是闵凯见到陌生人常常吓得大哭。到闵凯五六岁的时候，妈妈又怕闵凯跟着别的孩子学坏，除了上学外，回到家一般情况下都不让他出门去玩。

妈妈的做法，使闵凯从小就养成喜欢自己一个人玩的习惯，平时总喜欢自己待在家里玩，很少出去。在幼儿园里虽然偶尔也愿意跟小朋友一起玩，但玩一会儿很快就吵翻了。上学以后，闵凯对周围的环境极不适应，总是一个人坐在角落里发呆，不爱参加集体游戏，而同学们也觉得他是个"怪人"，不愿与他亲近。妈妈原本认为，随着年龄增长，孩子会慢慢学会与他人交往，但现在看来，闵凯虽然上四年级了，但依然没有改正独来独往的习惯，没有要好的朋友，也很少与同学交往。

心理学家托马斯·伯恩特指出："一个孩子只有经常和朋友们在一起，才能增进友谊。因此，父母要为孩子交友牵线搭桥。"

2

俗话说："近朱者赤，近墨者黑。"家长对孩子的朋友都比较重视，一般都希望孩子的朋友是品学兼优的好学生，可以给孩子带来有益的影响和帮助。

但是，孩子交往的朋友不一定都能令父母满意。于是，有些父母就喜欢按照自己的意愿要求孩子去选择朋友，这给孩子带来了一定的心理压力，甚至还会引起孩子的逆反心理；有些父母喜欢干涉孩子的交友，以致孩子很难交到朋友，甚至没有朋友；还有的父母十分挑剔孩子的朋友，认为孩子的这个朋友有这样的缺点，那个朋友有那样的缺点，挑剔来挑剔去，发现孩子身边没有一个可以交往的朋友。

洛英的女儿诺诺非常漂亮而且才艺出众，还是班里的文艺委员，人缘也颇好，经常有同学到家里来找她玩。自从女儿上了初中后，洛英就开始对女儿的人际交往干涉得越来越多。因为她觉得，初中是学习的关键时期，而且这个年龄段的女孩也是最危险的时期。

因此，洛英要求诺诺绝对不能与男生来往，女儿仅有的三个好朋友她也挑剔，说丝丝贪小便宜而且成绩也不好，不是好的玩伴；说甜甜穿得花枝招展的，交往的人多，容易带坏自己的孩子；雯雯成绩好人又朴素，可是洛英又觉得雯雯家里太穷，还说什么穷人家的孩子心态不好等等。

最后，诺诺总是形影相吊地上学、放学，再也没有活泼开朗的笑容了。

父母这样过分挑剔显然是错误的，其实不应该过多地去干涉孩子的交友，没有一个家长知道孩子需要什么样的朋友。当你替孩子筛选朋友的时候，其实是在替孩子选择孤独。

父母要充分认识"善待孩子的朋友就是善待孩子"的道理。形成朋友的原因是多方面的，有的是有共同的兴趣爱好，有的是性格脾气相近。交朋友的目的，并不都一定是为了提高学习成绩，有的是为了感情表达的需要，有的是为了互相帮助。但既然是朋友，就肯定有感情，有许多共同之处和共同语言。

3

父母如果不能善待孩子的朋友，就是不能善待孩子。父母不能太功利，不要认为孩子做的一切都必须为了提高学习成绩。交友应该是广泛的，交友的目的也应该是多方面的，只要是正常的朋友，他们在相处和沟通过程中就各自都能有所获得。

父母们要明白，孩子与环境相交往的过程中，不仅受到环境的影响，同时也能对环境加以改造。孩子的朋友只是环境中诸多因素中的一个，也就是说在与朋友的互动过程中，孩子不但受朋友的影响，同样也能影响自己的朋友，所谓"被朋友带坏"的可能性是存在的，但是也可能通过自己孩子的影响，帮助朋友向好的方面转化，孩子也能从中得到经验的改造。

所以，父母们首先要"顾及孩子自己的愿望"，在尊重孩子的基础上，鼓励孩子"参与社会的积极性和主动性"，遇到孩子交往的朋友具有潜在的危险或不安全因素时，应果断地阻止他们的交往，但是一定要把握好度，不要过于挑剔，妨碍孩子的社会化进程。

　　总之，对于孩子间的交往，父母既不能草木皆兵，任意破坏孩子与朋友之间纯真的感情，也不能听之任之，使孩子陷入不当的交际圈。而是要充分利用孩子喜欢交往的心理，因势利导，正确地引导和帮助孩子建立纯真的友谊。

给孩子解释的权利

　　处于成长阶段的孩子，对事物的判断能力、明辨是非的能力虽然不是很强，但也有自己独特的思维方式。他们每做一件事，都有自己的理由和想法。因此，当孩子做了父母意料之外的事，父母应该冷静下来，尊重孩子的人格尊严，给孩子申诉、解释的权利，了解他们的思想动机，然后因势利导，帮助孩子提高认识问题的能力。

1

　　晓峰的妈妈是医院的护士长，她的工作非常忙，有时根本顾不上照顾晓峰。后来，她把晓峰的姥姥从老家接过来，一是让老人帮忙照顾孩子，二是让妈妈享受一下晚年的生活。

晓峰是个非常懂事的孩子，自从姥姥来了以后，每天带着姥姥出去散步，还用自己的零用钱给姥姥买鲜花。姥姥高兴得逢人就夸："我都活了60多岁了，还是头一次有人给我送花呢。"

有一天，晓峰的妈妈下班刚进门，就看见客厅的一个铁笼子里有一只小白兔，抽了几下鼻子发现家里有一股腥臊味，就训斥晓峰："马上就要考初中了，还有时间弄这些东西？烦死了！"

晓峰正要向她解释，可是她却不容分说地继续责备道："赶快把这些东西给我弄走！别解释，我不想听！"说完就要把笼子提起来放到了门外。

这时，晓峰的眼泪一下流了下来，他好像还要说什么，但是又什么也没说，一转身回到了自己房间，把门重重地关上了。

晓峰的样子让妈妈更生气了，刚想要追过去再训斥一顿，晓峰的姥姥过来对她说："别骂孩子了，这是他给我买的，他说怕我一个人在家寂寞，才买来了这只小白兔来陪我的。孩子也是好心，你要是不喜欢，可以好好跟孩子说，明天把它送给别人，不要再骂孩子了。"

2

磊磊初中第一次参加考试，成绩很不理想，而当天磊磊回家很晚，说是去踢球去了。

爸爸不住抱怨儿子："你没考好，你怎么不着急啊，一点都不感到羞愧吗？怎么还有心情踢球？"

爸爸的抱怨触到了孩子的痛处，磊磊哭着冲爸爸发脾气："你以为没考好我心里好受吗？我以前都是班里前十名的，这次成绩这么差，我有多难过，你知道吗？我出去踢球是发泄发泄，不可以吗？"

爸爸马上意识到是自己误解了孩子，立即向磊磊道歉，说："孩子，对不起，爸爸犯了主观主义错误，错怪你了，请你原谅。"

听到爸爸道歉的话，磊磊情绪马上稳定了许多。

又一个周末，磊磊又是很晚才回家。爸爸这次从一个同学嘴里听说了磊磊和一帮小伙伴踢球，于是证据在手，就冲着儿子咆哮道："这次你还有什么话说？我听说了，你们一放学就踢球！"

"爸爸，我……"

"少找借口了！想踢出个贝克汉姆是不是？"

"既然你这样想，那我什么也不说了。"磊磊"砰"的一声关上了自己的房门。一连几天，爸爸妈妈主动跟他说话，他也不搭理。后来爸爸了解到，磊磊因为英语上有点落后，就和一个小伙伴协议好，放学后，他让小伙伴帮他补习英语半小时，而作为"报答"就是他带这个小伙伴踢足球，因为这个小伙伴体育不怎么好。

爸爸很后悔，但又拉不下面子，后来，他在QQ上向磊磊道歉："我又犯了主观武断的错误，没有调查就认定你踢球影响学习，爸爸的简单粗暴伤害了你的自尊心，但你照顾老爸的面子，没有和老爸正面冲突，而是默默地承受着误解，并没有过多地解释和开脱。现在，老爸郑重地向你道歉：儿子，对不起！

儿子看到留言后，也回复了："爸爸，我是喜欢踢球，但是，我也是非常体谅爸妈的。你们那么辛苦，为我付出那么多，我一定不辜负爸妈的期望。我有时玩心重，自控力差，还需要爸妈及时提醒，及时点拨。但请爸妈放心，我会对自己负责任的……"

3

很多父母认识不到倾听孩子申诉、让孩子解释的重要性。孩子一旦做了在父母看来不符合逻辑的事，总爱以成人的思维方式去评判孩子，把自己的意愿强加给孩子，不给孩子申诉、解释的机会，有的父母还会气上加气，"你还想狡辩？反天了是不是！"或者对着孩子大喊："住口！"

父母这样武断、专横地对待孩子，怎么能想象得出这时候的孩子该有多么委屈？

如果孩子经常被呵斥"你不用解释"，那么，他们会渐渐放弃为自己辩解的权利。孩子背负着很多的委屈，一个人默默承受，如果这样的精神负担非常沉重，可能会造成孩子出现严重的心理问题。

做父母的千万不能因为孩子小，就疏忽了他们阐述自己看法的权利，一味地指责和粗暴地说教不能真正解决问题。如果通过孩子申诉，发现孩子做对了，而自己错怪了孩子，就应承认错误，支持鼓励孩子；如果孩子认识上存在误区，父母就要循循善诱地进行启发和开导。

第四章

情绪焦虑

——你的情绪决定孩子的未来

< < < < < < <

再理智的父母，
也会被孩子"激怒"

有时候，孩子像可爱的小天使，但有时候却像一个顽劣的小魔鬼，让父母又爱又恨。当孩子实在过于顽劣，即使父母再理智，也很难保证不被激怒。

1

亮亮在商场里大哭大闹，整个人躺在地上，路边不断有人停留驻足，投来异样的目光。亮亮妈妈叹了一口气，耐着性子，跟亮亮说："家里有一个跟这个一模一样的玩具，我们回家玩好不好？"

"我不要，我要这个玩具。"

亮亮妈妈终于忍不住了，气得大声说："你这个小孩怎么能这样呢？哪里能看见什么就要什么呢？"但亮亮就是不听，亮亮妈妈就想把亮亮"挪走"，但奈何亮亮在地上打滚，一点儿也拽不动，她只好恶狠狠地说："你再这样闹，妈妈就不要你了！"

这时，亮亮就哭得更厉害了。

"孩子见着什么都想买，太不懂事了！""让他不要在人多的地方乱闹，就是不听话！"遇到这样的情况，很多父母一定都会产生跟亮亮妈妈一样的想法，也一定会觉得烦躁。

很多父母感叹，婴儿时期，给他把尿的时候他不尿，刚放到床上就尿了，真是存心跟人作对！不会走的时候成天要下来走，会走了却总是让人抱！上学的时候叫都叫不起来，放假的时候却起得特别早……家长总是觉得孩子一天天成长，却一天天难带，越来越不按自己的心意走了。

2

在公开场合哭闹不休的孩子，的确是会让很多父母头痛且生气的。没有几个父母遇到这种事情能保持淡定。

孩子的年纪尚小，还不能够很好地控制自己的情绪，当看到商场里琳琅满目的玩具，孩子肯定难以控制自己的欲望。

父母此时如果斥责孩子，等于是告诉孩子："你的情绪是不好的，我不接受；你的欲望是错误的，我不允许。"

实际上，孩子的欲望并不是错误的，而是普遍的。如果父母拒绝接受孩子的情绪和欲望，强迫孩子自己控制自己，或者想方设法转移孩子的注意力，逗乐孩子，那么孩子可能会变得不相信自己的感受，在日后产生某种欲望时，就会变得紧张和内疚，甚至唯唯诺诺，不敢说出自己的想法，从而故意不去想，让内心处于无助的状态，不能对自己负责任。

重要的是，孩子产生的欲望并不会因为父母的控制和压抑而消失，它始终存在着，强行的压制并不会降低欲望的力度，反而会增强孩子的破坏力。

在孩子大哭大闹时，父母应该先接纳孩子的情绪，倾听孩子的感受，并在一旁陪伴着。身体上的接触，能够有效地缓解孩子的情绪，比如抱着孩子，或者轻轻地抚摸孩子的后背，这样会化解孩子的不良情绪。

同时，父母也要控制自己的感受，比如说："我现在很不高兴，对目前发生的事情有不好的情绪，但没关系，我接受我自己的情绪，我也允许自己不高兴一段时间，但是我不会让这个情绪一直控制我的生活、左右我的选择，我会解决这个问题的。"

其实很多时候，是父母依然把孩子当你的附属品，父母忽略了他在一天天长大，渐渐有了自己的思想，你也忽略了，孩子有孩子的世界，有孩子的思维，很多事情他尚不知道对错是非，他需要的是你的引导，而不是你的呵斥。

3

在孩子成长的过程中，父母总会觉得自己好像不管怎么做都难以满足孩子的需求，而孩子好像也养成了"只要不满足我的要求，我就马上大哭大闹"的坏习惯。这种常见的现象只是一个表面，父母好像都忘记去探究孩子的行为背后的深层原因。

深层原因实际上是孩子的安全感问题。孩子往往希望通过父母的行为来确定父母是否爱自己，当他感觉到父母不像从前一样爱自己，或者注意力不再像以前一样全部集中在自己身上，内心就会产生不安全感，这时，孩子就会采取其他方法来引起父母的关注，比如要求各种各样的玩具，当要求被满足了，或许会有一时的安宁；但如果不被满足，他们就会更加恐惧，从而用更激烈的方式。

而让孩子内心拥有安全感，让亲子关系更为融洽的方法是建立起"常态"的沟通习惯。

以下十个方法，供父母以和平的方式解决亲子关系中的矛盾。

第一，给孩子选择的空间。举个例子，如果孩子不想刷牙也不想洗澡，用命令的方式去要求反而会让孩子觉得被压制，不如问他："你想先刷牙还是先洗澡？"尽管他都不想做，但还是会在其中做出选择。

大人要放下自己的权威身份，不要总是用命令的方式对待孩子，这样容易让孩子觉得压抑。而如果给孩子选择的空间，让孩子自己做选择，会让他觉得自己得到了尊重，才能得到更好的效果。

第二，倾听孩子说出内心的感受。当孩子欺负弟弟妹妹，不要发脾气，不如冷静下来，问问为什么，问问孩子的感受，可能他只是害怕弟弟妹妹抢走父母的注意力和爱，是情有可原的。气头上的父母，说话往往口无遮拦，甚至破口大骂，得到的效果微乎其微。

第三，跟孩子讲道理。在实际的事例当中，父母要教会孩子懂道理，孩子才有可能越来越懂事。当孩子抢了别人的玩具，父母要让他们学会换位思考"如果你的玩具被别人抢走了，你会高兴吗"，让他们了解到自己的行为对他人造成了麻烦。

第四，让孩子为自己的行为负责。在原本该吃饭的时间，孩子坚持要玩，不肯吃饭，屡次劝告都没有效果，别勉强他，等到他自己饿了要求吃饭，告诉他："刚刚是自己不吃的，现在过了吃饭时间，我们都已经吃完了。"让他饿一会儿，再给他吃东西，有了这样的教训，下次他就会按时吃饭了。当然，这里的前提是，在不伤害孩子身心的情况下，让孩子自己体会到自己行为的后果。

第五，冷处理。情绪极度激动的父母，并不能很好地控制自己的情绪，因而也不能冷静地处理问题，这时候最好的方式是暂时离开冲突的环境，让自己冷静下来，或者转移注意力做其他的事情。等到真正平静之后，再心平气和地跟孩子交谈，解决问题。

第六，以幽默化解尴尬。比如孩子不肯刷牙，幽默的父母可以说："我们来尝试一种新鲜的帮助法，你帮我刷牙，我帮你刷牙，好吗？"孩子一定乐于尝试。有时候，父母的幽默不仅能够让家庭氛围变得融洽，也能轻而易举地化解孩子的叛逆态度。

第七，彼此后退一步也不失为一种不错的方法。孩子想做一件可能引起麻烦的事，不要直接制止，彼此商量一个"中间之道"，比如天已经黑了，但孩子还贪恋游乐场不肯回家，与孩子约法三章，再玩五分钟就必须回家。

第八，修正自己的期望值。父母会感觉到生气，是因为对孩子抱有太大的期望，有时候换个角度，孩子毕竟年纪小，好动、没耐性、异想天开，都是正常不过的事情。只要孩子的表现不是很过分，事情就不会如父母想象的那般严重。

真正的陪伴，
是懂得孩子的感受

　　只有孩子从内心接受了父母的关爱，他们才会心甘情愿地为父母的要求付出努力。爱是需要讲究艺术的，为了让孩子的身心健康成长，就要多考虑一下他们的年龄特点、心理需求，多征求一下他们的意见，让他们体会到理解的温暖。

1

　　韩女士的每一天都几乎围绕着自己的儿子打转。一大早，韩女士要比儿子早起半个小时，做好早餐，直到儿子收拾完一切，她才收拾自己去上班；为了让儿子拥有一个好成绩，她每个周末都要跑去书店看看近期有没有新出版的学习资料，通通买回家……韩女士非常爱儿子，儿子就是她的一切，她不觉得这样做很辛苦，为孩子付出一切都是值得的。

　　只是，儿子却并不领情，他对自己的朋友抱怨："我不喜欢我妈妈，我也不相信她。她完全不知道我想要的是什么，做任何事情也不会考虑我的感受，更别说征求我的意见了。她每天都只会让我学习学习学习，从来没有带我出去玩过……"

究其深层的原因，是因为父母在全心全意地为孩子付出时，忘记站在孩子的角度上，考虑孩子的感受，甚至也忘记征求孩子的意见，不曾问过他们是否愿意这样做。这是爱的"悲哀"！

普天之下，没有一位家长是不爱自己的孩子的，甚至为了孩子，他们可以付出一切。为此，基于这种"无私"的爱，父母几乎把孩子的所有事情都当成了自己的事情，从孩子诞生在这个世界上的那一刻开始，父母就对孩子的人生进行"包办"。

只要事关孩子，就能时时处处看到父母忙碌的身影。这也导致了原本应该深爱彼此的父母与子女之间的关系僵化，因为父母总认为自己给予的就是孩子想要的，却从未问过孩子的真正想法，他们理所当然地认为自己的感受就是孩子的感受。

多少"血淋淋"的事实告诉我们：这种认知是不正确的。孩子也是独立的个体，他们有自己的感受，不能与大人的感受混为一谈，否则就会影响到亲子之间的沟通。

2

星期日的早晨，爸爸起床之后，去了洗手间，这时候，他的手机响了。两岁的儿子听到了手机响，从被窝里爬出来，举着手机跑到卧室找爸爸。

儿子非常兴奋，一看爸爸竟然不在卧室。妈妈说："儿子，爸爸在洗手间呢。"这时候，手机铃声停了，孩子的兴奋表情消失了。

这时候，爸爸从洗手间出来了。妈妈赶忙说："儿子，赶紧给爸爸手机。"

孩子正要伸手去递手机，可是，爸爸完全没有注意到孩子的行为，抢先一步夺过手机，转身走出了房间。

爸爸没有理会儿子，转身离开的这个行为，让孩子一下子受到了不小的打击和伤害。孩子低着头，灰溜溜地跑到客厅。接着，只听"哇"的一声，孩子犹如洪水暴发一般地痛哭起来。

妈妈赶紧跑到客厅，安慰着孩子："对不起，宝贝儿，爸爸要出去办事，很着急，所以忽视你了，妈妈替爸爸向你道歉。"可是，不管怎么说，孩子却越哭越凶。

在一个美好的早晨，孩子以为自己做了一件好事，可是，却在不经意间被爸爸的冷漠之水浇灭了。故事中的爸爸的确是犯了一个错误，因为他忽略了孩子的感受，伤害了孩子的自尊。父母们一定要引以为戒！关爱不是一句口号，而是要从身边的小事做起，千万不要让自己的冷漠伤了孩子的自尊。

3

曾经无数次在公开场合听过类似的对话，尽管对话的主角不同，但内容却几乎大同小异。

在卖冰激凌的商店里，玻璃柜里摆满了各种味道各种颜色的冰激凌，母亲指着问女儿："告诉妈妈，你想要哪种冰激凌啊？"

女儿抬起头，坚定地说："我想要芒果的。"

母亲指了指不远处："这里有个奥里奥的呢。"

"妈妈，我想要草莓的。"女儿还是坚持自己的想法。

母亲笑着说："可是妈妈觉得奥里奥看上去更好吃。"

"我不要，我想要芒果的。"

母亲问："你平时不是喜欢吃奥里奥吗？"

"妈妈，我现在只想要吃芒果的。"

最后母亲叹了一口气："真够倔的小孩，不知道像谁。"

在这对母女的对话过程中，母亲一直在动摇，甚至否认女儿的选择和判断，并且想要把自己的选择和判断强加在女儿头上。从表面上看，母亲的做法，是想要帮助女儿找到她喜欢吃的，但实际上她的做法无异于直接告诉女儿——你的选择，你的判断，甚至于你内心的想法都错的。

有谁能够比自己更清楚自己的想法呢？所以，父母切忌对孩子的真实想法视而不见，不要借由爱的名义抹杀了孩子的感受。

孩子最想要的家，
叫父母相爱

夫妻之间有分歧是很正常的现象，但值得注意的是，夫妻之间即使有再大的分歧，也不要在孩子面前互相拆台。

孩子年龄尚小，是非对错的分辨能力比较弱，很容易受到父母观点的左右。俗话说"清官难断家务事"，年幼的孩子更无法成为父母观点谁对谁错的衡量砝码。

1

一大清早，12岁的郑远然就听到爸爸和妈妈的吵架声，声音一个大过一个，不知道在吵什么，最后只听到门"嘭"的一声关上了。郑远然穿好衣服，整理好东西走出房间，妈妈一个人坐在桌子旁，招呼自己过去吃饭，爸爸已经不见了踪影。

饭吃了两口，妈妈开始念叨，郑远然早有预料。

"你看看你爸爸，吵了两句就跑出去。整天有事没事就往外跑，自己一个人在外面吃香的喝辣的，回来什么也不管，跷着二郎腿就躺着，家里没水了着火了，他也不操心，一点儿也不顾这个家。你说，他心里有这个家吗？他心里有我这个妻子吗？

他从来不记得我的生日。他心里有你这个儿子吗？他根本不算一个称职的爸爸，你的学习他不管，你的家长会他不去，他连你的学校也没有去过……"

听着妈妈没完没了的抱怨，郑远然随意吃了两口饭，抓起书包就往门口走："妈，我吃饱了。上学要迟到了。"门合上，他听到妈妈叹了一口气："这孩子，连话都不让我说完。"

来到学校后，郑远然努力安心上课，但出门前妈妈说的话就好像电影一样，一幕幕回想在脑海里，爸爸真的是妈妈说的那样吗？思绪飞到了小时候，有关于爸爸的回忆都涌了上来，老师的声音似乎飞得很远很远……

"是爸爸不好，还是妈妈不好？"郑远然陷在这个疑问里，无比纠结。

在孩子的心里，爸爸妈妈是一样重要的，都是最值得亲近和信赖的人，"爱爸爸多一点还是爱妈妈多一点"是孩子最不愿意回答的问题。但在成长的过程中，由于夫妻之间的相互抱怨与拆台，夫妻矛盾的恶化，会让孩子的内心产生矛盾，从而影响孩子的正常生活状态，使他不能够认真学习、好好生活；而一方对另一方的诋毁，也并不能让孩子更爱其中一个人，也只会动摇他对幸福和美好的向往。

2

每一位父母都爱自己的孩子，这毋庸置疑，但父母之间教育方式的差异和分歧，往往会导致不够理智的场面出现。

秦楠今年七岁，他的父母就是截然不同的两种人。爸爸感性，喜欢看儿子高高兴兴的，所以只要秦楠提出要求，爸爸总会竭尽全力地满足他，哪怕是上楼梯时故意喊累撒娇，让爸爸背他上三楼的要求，也能得到满足。

但秦楠的妈妈理性，她觉得儿子不能娇生惯养，于是就大声呵斥："像什么样子，多大的人了？还要爸爸背你，下来。"妈妈是想培养秦楠的独立性，不能让他太过于依赖父母，但爸爸却事事要帮秦楠，生怕他吃一点儿苦，所以毫不在乎地说："没事儿，宝贝儿子，你开心就是爸爸最大的愿望。她不背你，爸爸背你，来，我们上楼。"

在教育方式上，秦楠的父母产生了分歧，每次听到秦楠说"妈妈没有爸爸好"时，妈妈都会感到特别伤心，她对丈夫的怨言也多了起来。

世界上的每一个家庭都是一个小整体，只有爸爸妈妈都好，孩子才能更好，因此在教育的过程中，父母的任何一方都不能把"你爸爸不爱你""你妈妈不关心"的话挂在嘴上，也不能让双方之间的争吵和矛盾暴露在孩子面前。

许多初为人父人母的夫妻往往会忽略这一点，在认为自己的观点是正确时，就会据理力争，当着孩子的面，反驳对方。却不知道，这样做会影响到孩子对父母的看法，导致他与其中一方的关系疏远，甚至产生憎恨的情绪。

即便对方的观点是完全错误的，或者行为是完全不对的，也不要当着孩子的面直接指出，可以选择比较委婉且理智的方式进行探讨。

在孩子的面前，父母之间要相互表扬，为对方树立威信。当然，表扬并不是虚伪的套路，而是要基于真正发现对方优点的基础之上，不能只是一场做给孩子看的"秀"。虽然孩子的年纪不大，但他们已经有了分辨真假和是非的能力，他能够看出父母是否真情实意。看多了"秀"，孩子学到的自然也就只有虚情假意了。

在千千万万人之中遇到有缘人，并成为夫妻已经是难得的缘分，不要斤斤计较于谁付出多了一点，谁付出少了一点，也不要为了能够多占一点理而争吵，需要的是在相处的过程中发现对方的优点，体谅对方的辛苦。

俗话常说："家不是讲理的地方。"这句话的意思不是说家人不讲理，而是家庭是一个充满爱意的地方，如果非要处处争个你高我低容易伤了情分，伤害彼此之间的爱。只有每个人都抱有一颗相互体谅的心，才能够拥有和谐而温馨的家庭氛围，才能够家和万事兴。

3

有些父母会把自己对另一半的抱怨讲给孩子听，希望孩子能够为自己评评理，能够给自己一些支持。事实上，孩子听了这些"一半"的"坏"话，并不知道谁对谁错，只会陷入迷惘当中。等到长大一些，孩子有了自己的判断，有了明辨对错的能力，能够理智地看待家庭的问题，他会意识到父母不应该对自己说对方的坏话，甚至不应该把那份消极情绪传给自己，不应该让自己的童年多了一份阴影。

夫妻之间的相互抱怨就是一份带有怨气和怒气的消极情绪，孩子接收到这份情绪时，由于能力有限，不能够及时处理这种矛盾，因此就会寻找另一种方式发泄情绪，要么变得叛逆，要么变得封闭，不再与人交流。

一个心中充满消极情绪的孩子，很难找到属于自己的幸福，因为心过于沉重。

因此，为了孩子能够健康地成长，父母应该让彼此之间的矛盾只限于彼此之间，不要涉及孩子。

别把孩子当"出气筒"

坏情绪的本质是一个魔鬼，当魔鬼主宰着思想和意志，语言就会成为一场疾风暴雨，用力地砸向孩子，让孩子的心灵受到伤害。如果这样的暴风雨来得特别频繁，就会在孩子的心灵当中留下阴影，使孩子产生自卑的性格，做出叛逆的行为。

为了孩子的心灵健康，父母切记不要让魔鬼现身。

1

每个人都有各种各样的情绪，情绪的产生是正常的，它是作为人对外界事物产生的一种心理反应。在不同的场景当中，情绪有不同的状态。

在家庭当中，父母的情绪是影响孩子的最大因素。父母的情绪好，容易培养出快乐、自信，渴望进步的孩子；父母的情绪不好，容易导致孩子感到自卑、消沉，学业止步不前。因此，父母在教育孩子的过程中要掌握好自己的情绪，管理好自己的心境，与孩子之间形成良好的互动关系。

当然，这就对父母的情绪控制能力有很高的要求。在孩子遇到成长中的问题时，父母要展露积极的情绪，抑制不良情绪的产生，以免不良情绪对孩子造成负面影响，并及时对孩子的错误进行纠正。

2

在现实生活中，经常看到有些父母完全依据自己的情绪教育孩子。心情好时，教育孩子时会注意自己的言行举止；心情不好时，不仅言语上讽刺、挖苦、训斥，更在行为上没事找事，把孩子当成出气筒。父母情绪时好时坏，对孩子的教育的祸害是无穷无尽的。

首先，这会让孩子同时遭受身体上与心灵上的双重伤害，父母不良情绪导致的过激行为会让孩子的身体遭受到伤害，也会让孩子的心灵蒙上阴影。

其次，这会使孩子的行为标准发生混乱，父母的反复无常会让孩子搞不明白自己究竟应该怎么做，也不知道什么是对什么是错，既不能让孩子养成良好的习惯，也不能让孩子纠正不良的习惯。

再者，这会让孩子养成看父母脸色行事的坏习惯，导致父母不能够准确地察觉孩子的真实情绪，从而让家庭教育失去针对性和实效性。

娟娟是个很懂事的孩子，学习成绩优秀，除了能出色地完成自己的事情外，还可以帮助爸爸妈妈做一些家务。爸爸妈妈也都经常夸孩子，还时不时地买些礼物作为奖励，当然，娟娟也很喜欢爸爸妈妈。

娟娟的爸爸是一家私企的财务总监，一天由于误操作，转账时不小心多加了一个零，因此公司损失不小。虽然后来经过与对方协商后，钱是追回来了，但还是因此被公司通报批评，并扣罚三个月的奖金。因此，娟娟的爸爸心情一直很低落。

娟娟呢，小孩子也不可能知道这些，还像以前一样，放学回家看到爸爸就缠着他讲故事。哪知道爸爸一下子就火冒三丈，大发脾气，骂女儿说："闹什么闹，我都赔钱了你还闹我，不烦啊？没钱你上什么学？没钱你吃什么？赔钱都是你给闹的！"说着还打了娟娟一巴掌。娟娟莫名其妙地被爸爸骂一顿，还挨了一巴掌，又惊吓又委屈，大哭了起来。妈妈赶快过来哄。可是这一次娟娟好久都没有开心起来，总是没精神。事后，爸爸也后悔了，再像以前那样买什么礼物给女儿也都不管用了。从此，娟娟再也不喜欢爸爸了，父女关系受到严重影响，她与爸爸之间产生了很大的隔阂。

娟娟的爸爸好后悔，可有什么用呢？像娟娟这样的孩子比较听话，性格比较温和，这只是让其和爸爸之间产生了隔阂。如果遇上的是一个很要强的孩子，爸爸这样的态度很可能使其产生很强的逆反心理，要和父母作对，凡是父母让做的，偏不去做，不让做的，偏去做，像故意弄坏东西、打架、捣乱等。这个时候他们是不会再考虑对错的，父母教育这样的孩子就很困难了。

所以，不管你有多大的委屈，千万不要拿孩子当"出气筒"。

3

涛涛的妈妈和爸爸闹离婚，他们先是为了要孩子，双方各不相让。后来，妈妈妥协了，同意把涛涛让给涛涛的爸爸。可就在法院判决时，爸爸又改口不想要涛涛了，愿意把儿子让给涛涛的母亲，于是，双方又争吵起来……

法院决定征求涛涛的意见。在征求涛涛意见前，爸爸对涛涛说："你妈不想要你，她好跟别人结婚，过她的幸福生活……不能让她如意！是她要跟爸爸离婚的！你要跟着她，你去帮爸爸去惩罚她，她不是个好女人……"

妈妈对涛涛说："你爸爸有房子，你得跟着你爸爸，这样，这房也有你的份……妈妈将来没有房子给你……"

涛涛听了，心里好难过，最终他因为爸爸的话恨起了妈妈，便按自己的想法选取了爸爸，而不是像妈妈所说的为了房子。

随后，妈妈离开了这个家，从此，涛涛的生活一落千丈。妈妈再不好，最起码能让涛涛回到家有饭吃。可爸爸呢？他不但不能像妈妈那样给他做饭吃，而且还常常在外喝酒，半夜才回来。喝多了，回到家就骂骂咧咧的，有时还把已熟睡的涛涛叫醒，目的就是为了听他数落他的妈妈，这使涛涛对他越来反感。有一次涛涛终于对爸爸说："就你这样，不怪妈妈和你离婚，你活该……"

涛涛的话刚说完，爸爸就对他一顿拳脚相加，结果涛涛第二天鼻青脸肿。更可气的是，爸爸在第二天并不知道涛涛身上的伤是他打的，而且还逼问涛涛跟谁打架了，说他就不能让大人省心吗？

涛涛哭笑不得。当爸爸得知是自己酒后所为时，他捶着自己的头，向涛涛保证他以后再也不这样了。可接下来，他一遇到不顺心的事，便又忍不住拿涛涛出气。

有一次他还逼涛涛给他妈妈打电话，说要他妈妈回来，如不回来，他觉得活着没有意义了，他会天天虐待涛涛，让涛涛"恨"他，等等……终于逼得涛涛从家中逃了出来，去寻找妈妈。

从那以后，涛涛再也没有回到爸爸身边生活。尽管后来爸爸多次求过他，说他是多么多么爱他……但涛涛还是决定选择跟妈妈。涛涛对别人说："我相信我的爸爸也是爱我的，只是他不懂得如何去爱，所以才拿我当出气筒，这是我接受不了的……"

孩子幼小的心灵是很脆弱的，特别是他们正处在生长发育的阶段，对什么事情都很敏感。父母是他们最亲最近的人，最可信赖的人，他们需要在父母的关心呵护下，无忧无虑地快乐成长。

所以，当父母遇到不如意时，应该及时调整负面情绪，去除影响健康心理的一切因素。只有这样，我们才能得到心灵的宁静，做好孩子的榜样，为孩子和自己创造快乐的生活。

你泼给孩子的冷水，
会浇灭他的激情

美国著名的教育家布鲁诺说过："一味地挖苦、贬低，会导致孩子的反抗，反对父母，反对学校，或者反对整个世界。"

1

有这样一个寓言故事。

一只鸭子顺着河流浮游着，它一直在搜寻鱼儿，但一整天没有找到过一条鱼。到了晚上，它见到水中的月亮，以为是一条鱼，就潜到水中去捉。其他的鸭子看到它这样，都一起嘲笑它。

从那以后，这只鸭子就感到害羞和胆怯起来，以致每当它看到水里的鱼，也不肯去捕捉，就这样饿死了。

只是受到了一些嘲笑，鸭子就宁可饿死，也不愿意去捕捉鱼，可见，其他鸭子的嘲笑对于那只鸭子而言是多么大的伤害啊。

回想在现实生活中，是不是常有一些孩子问一些幼稚的问题，做一件幼稚的事情，就遭到了家长肆无忌惮的嘲笑呢？要知道，嘲笑相当于忽视了孩子的自尊心，这会对孩子造成多大的伤害啊。

正如日本思想家池田大作所说："孩子在成长阶段时的自我意识，还是非常脆弱的。因此，父母要像农民那样，小心地铲草施肥，其责任确实重大。但是，若不施与肥料，而洒上毒药，更会使好不容易生长出的生机勃勃的嫩芽一下子枯萎了，这是众所周知的。这毒药出人意料地藏在你们的身边，包含在父母的自私心及妨碍孩子自立的随口所说的语句中。"

2

仔细观察我们的身边，一定会有自尊心很强的人，也会有没有自尊心的人，究其根本原因，多多少少与每个人小时候的经历有关，而其中起最大作用的一定是家庭氛围与父母的教育方式。

在不少故事中，不难发现事业有成者，无一例外都是自尊自强的人。自尊心是成才的要素之一，不过自尊心形成的年纪却又是最容易被忽视、被压抑的年纪。那时候，因为年纪小，必须依附大人成长，所以孩子的自尊心最容易被忽视，甚至被侮辱，但父母却对此浑然不觉。

安然性格有些大大咧咧，平时也比较粗心，为这个没少挨妈妈的骂。妈妈为了改掉安然粗心的小毛病，没少下功夫，不仅监视她做作业，更为她报了个书法班，就是为了让她能心静下来。

现在，安然已经升上小学二年级了，虽然她粗心的小毛病改掉了不少，但是每次考试前，妈妈总是要一番叮嘱让她细心再细心些。可是越是这样，她到考试就越慌张，尤其是做数学题的时候，不是看漏了题，就是计算错误。甚至原本计算完全正确了，从计算纸上照抄到考卷上也会写错。

开始的时候，每次考试成绩公布后，妈妈都会急着问孩子的成绩。但渐渐地，妈妈对安然的粗心感到无能为力，也就不怎么关心她的成绩了。

安然是个上进的孩子，看到妈妈失望的样子，心里很不好受。又到期末考试了，安然告诉自己，这次一定要仔细，千万不要再出错、再让妈妈失望了。

考试的时候，安然把计算纸和考卷上的答案反复检查了好几遍，结果安然的努力终于见到了成效，她的数学考了96分。至于丢掉的4分，是因为安然思考方向不对，而不是由于一贯的粗心造成的。安然很高兴，心想这次妈妈一定会对自己感到满意了。

安然拿着数学考卷一路跑回家，她将考卷交给妈妈的时候，心里很高兴。谁知妈妈非但没有赞美安然，反而讽刺地说："真是太阳从西边出来了，你也能考这么高分？"

安然的笑容一下子消失了，妈妈的话像盆冷水泼在了安然的心上。不久之后，她的数学成绩又下降了。

有些父母认为对孩子讽刺、挖苦才能使孩子成才、上进。但事实上，经常被父母挖苦、讽刺的孩子往往进步很慢，有的甚至对父母失去了信赖和依靠，对家庭充满了厌恶与反感，进而引发孩子的反抗和报复心理，最终造成孩子和父母之间的感情壁垒。因此，对教育孩子来说，父母的赏识要比讽刺、挖苦的效果好得多。

3

很多时候，父母也不是存心想要嘲笑孩子，只是因为当时的情绪指引，又或者不自觉地说出了自己当下的感受，可往往就是一句不经意间的话，却对孩子造成了莫大的伤害。

有时候，父母并不知道孩子鼓起了多大的勇气才去做一件事，原本他们对自己就没有多大的信心，如果父母对其进行肯定和鼓励，孩子可能会成功，但如果得到的只是父母的嘲笑和"一盆冷水"，恐怕孩子很难再有热情和勇气去尝试了。

一个周末，丹阳正在书房里认真地看书，儿子强强就坐在身边，乖乖拿着彩色铅笔画画。书才看了一会儿，强强就在一旁扯着丹阳的衣袖，一边把画递到丹阳的手里，喊着："妈妈，我画完了。你快看，看我画得多好啊。"

丹阳看书看得正认真呢，抬头瞥了一眼，瞬间有些不耐烦了："你画的这是什么呀？也太差劲了，各种颜色乱七八糟地涂了一大块，这也叫画吗？谁教你这样画的？想你也画不出什么好看的画。"

强强一下子就不高兴了："妈妈你真的看不出我画的是什么吗？难道我画的真的很难看吗？"

丹阳点点头，直接否定："不管是谁都看不出，一看就是你在乱涂乱画。"

强强从丹阳手中夺过自己的画，气呼呼地说道："你才乱画呢。我画的是一张京剧脸谱，你这都看不出来，还说我画得难看。你看，红色的是眼睛，绿色的是胡子，黄色的是鼻子……"
听着强强的解释，丹阳又重新看了看那幅画，好像的确是京
剧脸谱，然后想到自己刚刚的话，觉得有点不妥，立马建议
说："强强，你再画一幅吧。这一次妈妈肯定能够猜出你画
的是什么。"

强强不高兴地说道："我不要，我要去看电视了。"

丹阳立马拦住："强强乖，别看电视了，一会儿你一看就
是一天，快来画画。"

"我再也不要画画了。你每天不是说我乱涂乱画，就是嘲
笑我。上周我画了一个太阳，你却一定要说是一条毛毛虫，还
跟爸爸笑话我。"

强强对画画的兴致很高，也有一定的天赋，但因为年纪小，
手的力气不足，画画的力度没能把握住，才没有画得栩栩如生。
而丹阳一而再再而三地给强强"泼冷水"，扼杀了强强画画的激
情，打击了他的信心，最后使他失去了兴致。

很多孩子在第一次做一件事的时候，肯定不会做得非常完
美，但敢于尝试已经值得表扬了，熟能生巧，做得多了也就能
做好了。

很多父母是为了让孩子进步得再快一点，或者是不愿意让
他们骄傲自满，才"泼冷水"，但，这些说法对成人来说，也许
能促使人们发愤图强，产生积极的效果。可是对孩子而言，讽
刺性言语只能使他产生一种自愧不如的感觉，使他感到悲观绝
望，无法从自卑之中摆脱出来。孩子会觉得泄气，慢慢地，就
算是一件能够做好的事情，孩子也会做不好了。

面对孩子的兴趣和爱好，面对孩子的激情和热心，即使他

们是在做一件无法理解的事情，父母也不能直接"泼冷水"，而是应该认真聆听、观察，及时肯定他们的成绩，不断鼓励，才能够让他们做好生活中的每一件事，健康快乐地成长。

棍棒底下出不了"乖"孩子

每个孩子都是一株成长中的树苗，如果长歪了，父母最好的应对方法是修正，而不是粗鲁地砍倒它。粗鲁行事，永远只会让事情转向恶性的一面。

1

"打是亲，骂是爱。"很多父母都崇尚这句老话，以为对孩子棒打口骂，正是爱孩子的体现。这也从另一侧面体现出，父母"望子成龙、望女成凤"之心是如何迫切。

打骂孩子可以说是很多父母管教孩子的"最佳利器"，这也是从古到今我们祖辈信奉的"不打不成才""黄金棍下出好人"的训诫。孩子通常都被看成是父母的私有财产，打骂孩子也是"家庭私事"。即使有人稍加指责，家长也会理直气壮地说："打他骂他是为了严格要求他，是对他负责任！"正因为这样，在很多中国父母眼里，"严格"就成了打骂的代名词。

美国新罕布什尔州大学曾经做过一项调查，结果显示：经常受到父母体罚的孩子，在成长的过程中往往更会表现出脾气暴躁、处处惹事的性格，他们更喜欢跟父母和老师等长辈作对，欺负同学的概率也比一般孩子高出整整四倍。同时，如果一个孩子每周要接受父母两次以上的打骂，就会伴随着出现撒谎、偷窃等更为叛逆的行为。

也就是说，孩子在受到父母的"体罚"后，心理会遭到极大的伤害，而让那些遵从"棍棒底下出孝子"教育理念的父母更感到惊讶的是，即使在孩子遭受到打骂后给他们送去关爱和照顾，他们心中受到的伤害也是无法弥补的，也就是说无论父母如何道歉如何弥补，孩子的心理创伤始终是留下了。

因此，当孩子产生了不正确的言行，或者没有按照父母想要的方式完成事情，父母首先要压制住自己内心的怒火，尝试站在孩子的角度上去思考问题，其次再用一种双方都能理解的方式进行沟通，让孩子认识到自己的错误，学会如何改正的方法。

2

无数的案例表明，打骂教育是一种畸形的家庭教育方式，并不能使孩子变得更好，而且还会造成家庭悲剧。

我们先来看一个真实的故事。

某地初中二年级的学生阳阳，因憎恨母亲的严格管教，将其残忍地杀害。当警察在网吧将他抓获时，他一脸平静，不仅没有感到惊慌和后悔，反而流露出因杀害母亲而获得"自由"的兴奋。

是什么让这个拥有花季的少年，变得如此残忍。原来，阳阳的爸爸妈妈早年离异，阳阳跟着妈妈一起生活。生活的压力和婚姻的不幸让妈妈变得暴躁易怒，经常因为一点点小事就打骂他。

当天下午，由于阳阳的数学成绩只得了73分，被妈妈暴打一顿而且罚他不准吃晚饭。妈妈规定他做完一套模拟试卷，并且写一份深刻的检查。四点的时候，阳阳唯一的朋友浩浩约他去家里玩。浩浩要随爸爸去上海读书了，因此俩人商量着一起吃一顿告别的晚餐，于是阳阳找到妈妈希望妈妈可以答应，但是妈妈不仅不让他出去，还羞辱了他一番。

妈妈长期的打骂管教在他内心积淀成了一种压力，因此冲动之下他拿起刀杀了妈妈，而后拿着妈妈钱包里的500块钱，请浩浩吃了顿大餐，随后便去了网吧。

阳阳的残忍，的确让人觉得心寒，但阳阳的母亲是否应该反反省省自己的教育方式呢？

现如今，父母总是抱着"望子成龙""望女成凤"的心情，这可以理解，但为了达到自己的期望，而对孩子的过错采取棍棒打压的处理方式是不可取的，很多父母无法在思想上摒弃这种不科学的教育方式。

"不打不成才"是一种舍本逐末的观念，也是一种简单粗暴的家庭教育方式，随着生活的进步，教育方式也应该得到革新。

对于父母的打骂，调节能力好的孩子能够慢慢恢复，但心思敏感、性格内向的孩子却产生了一辈子都无法抹去的影响，产生不良的后果。社会上，"棍棒"教育引发恶果的事件，早已屡见不鲜了，它不仅不能让孩子变得顺从，反而会让孩子走向另一个极端。

俗话说，十年树木，百年树人。教育孩子本就是一件长期而细致的工作，如果单凭几顿打骂就能把孩子调教得完美，简直是痴人说梦。父母必须深刻地认识到，棍棒下绝对开不出鲜花来，更培养不出拥有健康人格的孩子。

3

美国科研机构在一项未成年人遭受体罚的调查指出：即使是每两周轻微体罚孩子一次，对孩子也会产生影响。同时，科学家相信，那些从没有受过或很少遭体罚的孩子，其智力发育要好得多，原因是父母采用教导的方式让他们改正不良行为，帮助他们建立正确是非观。

孩子未成年时，正是身体生长发育的关键时期，也是形成健康心理的重要阶段。这时候对孩子进行体罚，无论孩子的家庭背景如何，无论是出于何种目的和动机，无论是采取哪一种体罚方式，哪怕只是一次两次的罚站、罚跪、关进"黑屋子"等，都是有百害而无一利，都会影响孩子的正常发育，都会在孩子的心灵上留下难以愈合的"创伤"。

父母的暴力行为，容易导致两种结果：一种是父母的威信逐渐消失，当孩子做错了事，或者让父母失望了，父母会认为自己的威信被动摇了，从而掀起了一场"狂轰滥炸"。开始的时候，一次两次的效果还很明显，孩子似乎认真听了父母的教导，做错的事情也少了，可是时间一长，容易重蹈覆辙。因为打骂教育只会在孩子的心中留下痛苦的体验，却完全没有父母以理服人的印象，因而会渐渐失去对父母威信的尊重。

另一种是极大地影响孩子的健康发展，孩子犯了错，有些父母通常不分青红皂白，直接一顿打骂，或者剥夺看电视、玩游戏等娱乐项目的权利，增长孩子的怨恨心理。这种简单粗暴的行为不仅不能使孩子完全改正错误的做法，而且还会产生胆小、怯懦、孤僻、违拗的性格缺憾，在未来的生活中缺乏自信心、上进心，甚至出现说谎、行事粗暴的行为。

昊昊是个特别调皮甚至略带霸道的孩子，经常和邻居家的小朋友打架。每次被爸爸看见或被别人告状时，爸爸总是不分青红皂白地打他一通。昊昊不明白爸爸为什么要打自己。所以在他眼里，爸爸就像个暴君。可自己的力量又无法与爸爸抗衡，所以昊昊每次在爸爸面前总是尽量小心行事。但只要离开了爸爸的视线，昊昊就变得无法无天，并把爸爸加在自己身上的打骂统统转移到其他孩子身上。

从昊昊身上我们可以看到，棍棒下的"乖"孩子并非是真正的乖。

没有哪一位父母希望看到自己的孩子欺负其他小朋友，而后理直气壮地说："我爸爸妈妈就是这样对我的。"因此，为了不对孩子的未来发展造成难以估量的负面影响，当孩子有了错误时，父母要心平气和地进行教育，告诉他错在哪里，以后遇到类似的情况应该如何处理。

　　所以，父母应该认识到，打骂并不一定能教育出好孩子，管教孩子的方式有很多种。要想做个成功的父母，就要抛弃头脑中"孩子不打不成材"的传统教育观念，不断学习教育孩子的科学知识，寻找适合孩子自身特点的教养方法。

第五章

你所谓的努力，其实是"成长焦虑"在作怪

< < < < < < <

请让孩子输在起跑线上

意大利教育家蒙台梭利说得好："每个人的成长都有一个程序，他在某个年龄特征段该领悟什么样的问题，其实是固定的，你没办法强求，过分人为地加以干涉只会毁了他。"

1

著名作家郑渊洁写过一篇博文："请让孩子输在起跑线上"。他认为，近年在教育领域对家长误导最严重的一句话是"别让孩子输在起跑线上"……倘若将人生形容为一场竞赛，"起跑线"的比喻是恰当的。但是，"输在起跑线"上只适合短程竞赛，例如百米赛。如果是马拉松那样的长跑，就不存在输在起跑线上的担忧。相反，马拉松比赛赢在起跑线上的运动员，往往由于没有保存体力，致使起个大早，赶了晚集。

郑渊洁的一段话准确地道出了现在家庭教育的弊病。

孩子的成长要遵循自然规律，像自然界"春夏秋冬"的展开一样。

美国研究儿童心理的专家格塞尔认为，支配孩子心理发展的因素有两个，一个是成熟，一个是学习。两者权衡，成熟更为重要。他曾做过一个著名的实验——双生子爬梯。其中一个从出生后48周起，连续6周每天做10分钟爬梯训练，到第52周，他能熟练地爬上5级楼梯。另一个从53周才开始进行爬梯训练。两周以后，不用别人帮助，他就可以爬到楼梯的顶端。

由此，格赛尔得出结论：不成熟就无从产生学习，学习只是对成熟起一种催化作用。无目的地提前训练，可能给孩子带来生理和心理上的负担，影响孩子对学习的兴趣，对人和事的兴趣，甚至影响他们对生活和未来的态度。

2

有个叫聪聪的小男孩，从小就像他的名字一样聪明。4岁时就能背出百首唐诗，不仅是"床前明月光""春眠不觉晓"这样的短诗，连白居易的《琵琶行》这样的长诗也能一字不差地背诵下来。聪聪不仅喜欢背诗，对书也情有独钟，尤其爱看连环画故事书。

但家里的人，特别是他的母亲，总想让他的天赋得到更好的发挥，好让他尽快地进入到神童的行列。于是又给他买回小学语文课本，提前教他学汉字，并严格规定每天的进度；想让他像爱因斯坦、钱学森等大科学家那样也会拉小提琴，便又找人教孩子学小提琴；又听人说，三四岁是孩子学英语的"最佳期"，英语又成了孩子每天必学的课程。这样，繁多的学习任务都压到了孩子的肩头。学汉字、练小提琴、背英语单词，这些都是大人强制进行的，是他自己不情愿的。既牺牲了孩子玩的时间，又损害了孩子愉悦的心情。

慢慢地聪聪产生了厌倦情绪，以致对书本、对知识失去了应有的爱好与兴趣。上学后成绩也变得平平，成为现实中的"方仲永"。

每个孩子都是一朵含苞待放的花，不要总是纠结于它什么时候开花，要知道每种花都有不同的花期，所以父母也不该着急，否则真是揠苗助长。

3

父母们有时会想："小孩子懂什么，还是应该听大人的！毕竟，我比孩子有更丰富的人生经验！他现在不理解，但，等他长大后，他一定会感激我的！"

父母的话看似有理，但是，如果父母这样专制，那么孩子就只会有两种结果，一种是习惯性地听从父母的安排，但是很难在不喜欢的事情上有很大的作为，另一种可能就是孩子产生严重的逆反心理。

父母要明白，孩子喜欢什么，这是他的个人权利，父母没有强加干涉的资格。因为，孩子也是一个人，他有独立的人格。父母应当做的是顺其天性，对孩子的兴趣进行正确保护和培养，让兴趣成为孩子走向成功之路的导师，而不是强迫他做出改变。

父母总以为自己的人生阅历丰富，因此就要为孩子规划未来的路。表面上看，父母这么做是在帮助孩子，但这样的行为其实并不利于孩子的发展。孩子虽然小，但他也有自己的兴趣爱好，父母的强制要求，只能让他失望，更是一种不尊重孩子的表现。

更重要的是，父母的规划，就真的适合孩子吗？我们总说"兴趣是孩子的老师"，强迫孩子去学不感兴趣的东西，又谈何让他去做"生活的主人"？

请尊重孩子的隐私权

父母不能借帮助教育孩子为名，窥探孩子的隐私。即使这个所谓的"秘密"在大人眼中是多么幼稚、可笑，甚至算不上什么隐私，但这仍是孩子最珍贵的东西，他不希望有人干预他的世界。

1

爸爸妈妈也许会有这样的感觉，随着孩子年龄的增长，孩子自己的小秘密似乎也多了起来。于是，父母的猜疑也越来越重，作为爸爸妈妈，都会害怕孩子受到不良影响而变坏，都迫切地想知道孩子内心的最真实的想法。

于是，一些父母忍不住，无所顾忌地进入孩子的世界，随意闯入孩子的"隐私地带"，甚至粗暴干涉。看孩子的日记，破孩子的QQ密码，干涉孩子的朋友……"反正我也是为了孩子，没什么不对"，他们这样想。

但，就像我们不愿意同孩子分享自己的秘密一样，孩子也没有义务与身为父母的我们分享自己的秘密。

因此，大人首先应该尊重孩子的隐私，不要浮想联翩地猜测，给他们造成很大的心理压力，

2

下午齐冰送儿子小亮去兴趣班，由于时间充足，他打算先回家收拾一下房间，等小亮下课后再去接他。

当收拾到小亮房间时，发现小亮的书桌上很乱，就走过去想整理一下。鬼使神差，齐冰突然有打开儿子抽屉的欲望。

于是，他就打开了小亮的抽屉。在抽屉里，齐冰发现了一个蓝色的笔记本。

小亮在日记本的第一页上写道："自从我上初中以后，我的心里就开始十分空虚与孤独。父母只关心我的学习，他们根本不明白我心里真正在想什么，需要什么。每天当我伏在桌前，永不停止地写那些永远写不完的该死的作业时，我就特别痛苦，我多么想能有时间到外面去打打篮球，踢踢足球，轻轻松松地活动一下啊……

读完儿子的日记，齐冰内心感到了一种强烈的震撼。他原以为自己的心灵与儿子贴得很近，可万万没有料到儿子并没有把他当作朋友。

第二天吃早餐的时候，小亮没有了往日的活泼，临出门时

他突然看了父母一眼，冷冷地问："爸，妈，你俩谁动过我的东西了？"

齐冰假装糊涂地说："没有啊。"

见爸爸的态度如此坚定，小亮什么也没有说，满脸不悦地走开了。

两天以后，趁着小亮不在家，齐冰又偷偷溜进孩子的房间，企图从日记里洞察他内心的秘密，令齐冰吃惊的是，抽屉上不知何时被安了一把锁。顿时，他的大脑一片空白，他突然意识到自己犯了一个低级错误。

齐冰的这种做法在现代家庭教育中被认为是"隐私侵犯"。

人世间有一种心灵的天平，那就是尊重。尊重是最起码的道德常识。没有尊重就谈不上交往。孩子也有隐私，要走进孩子的心灵世界，不是靠怀疑、窥视，而是靠沟通与尊重。

3

嫣儿最近总是怪怪的，常常一回家就躲进屋子里不出来，还经常把门锁起来，好像怕爸爸妈妈突然进来发现什么小秘密一样，每天晚上还开始学唱歌，爸爸妈妈越来越奇怪了，觉得嫣儿的变化有点突然，怀疑嫣儿恋爱了。

有一次，爸爸笑着对嫣儿说："女儿越来越漂亮了啊，是不是你很受班上男孩子欢迎啊？"

嫣儿有点脸红了，走到爸爸身旁像是要说什么，可是欲言又止。

爸爸笑了："怎么样，让我猜对了吧，你想不想跟我一起分享你的小秘密啊？说不定可以给你出出主意？"

嫣儿突然很兴奋的样子，拿出同学的照片给爸爸看，指着一个很阳光的男孩说："他是我们班的男神，唱歌特别好听，我们很谈得来。"

爸爸看看满脸幸福的女儿说："那你是不是喜欢他呀？想不想和他考上同一所大学？"

嫣儿脸更红了，但是又有点泄气的说："他学习太好，反正就是十全十美，我怕我赶不上他。"

……

就在这样轻松的气氛下，爸爸和嫣儿讨论了很多，爸爸心平气和地和嫣儿讲了早恋的事情，也给她提了一些很好的建议。最后，父女二人达成协议，永远保守这个小秘密，嫣儿要更努力地学习，争取一年后跟自己心中的男神考到同一所大学。

当然，最后嫣儿也并没有和原来的男神在一起，那只是青春期的萌动而已，不过却成为嫣儿心中最美好甜蜜的一段回忆。这当然有一部分功劳是爸爸的。他恰当地处理了嫣儿的早恋倾向，分享并保守了女儿美丽的秘密，让女儿健康平稳地度过了青春期。

当孩子开始有隐私时，代表孩子已经有了独立意识和自尊意识。对此，父母要给予尊重，与孩子以朋友的关系融洽相处，跟孩子建立起一种较为平等、民主、理解与沟通的行为模式。在充分尊重孩子人格与隐私的基础上与孩子交流情感，从而让孩子主动敞开心扉。

当然，不去窥探孩子的秘密，并不是对孩子放任自流，父母要细心观察孩子的成长动态，去洞察孩子的心理而不是去追查和监视孩子；父母应该努力压制住自己的好奇心，积极地去与孩子沟通，让孩子自愿与父母分享自己的秘密。当孩子愿意和自己分享秘密的时候，说明已经得到了孩子的充分信任，这时候给予指导，会达到意想不到的效果。

那些冒险的梦，我陪你去疯

如果一个人缺乏冒险精神，便容易墨守成规，不敢去体验新鲜的事物。这样的孩子，就会缺乏创造精神，很难有创造性的发明，就是有机会也不敢自己尝试，这样便成了碌碌无为的平庸之辈。

1

孩子总喜欢跃跃欲试，做点超过自己能力的事情。脚还够不着自行车蹬子，就想去骑车；从来没有下过水，就跳到水中去游戏……

当孩子在探索一些陌生的事物时，特别是接触一些看上去有些危险的事情，父母们常常面带恐惧地告诉孩子：那里不能去，太危险了；这个地方不能待，有危险……

于是孩子们对于一些新鲜的事物往往不敢尝试，孩子的"冒险"精神就被吓跑了。

一般地说，探索就存在险情，但是不能因为有这种可能就禁止孩子冒险，否则，你的孩子就不可能成为有创造性的人。

不要轻率地否认孩子想要试一试自己能力的举动，你把判断强加给孩子，就会挫伤他们的自信心，这等于是给孩子的成长泼冷水。

2

休伯尔从小就喜好做化学实验，并把家中的地下室变成了小实验室。1941年，休伯尔家的院子里传来一声巨大的爆炸声。爆炸惊动了四邻，警车呼啸而至。

经过调查，原来15岁的休伯尔想用砂糖等原料造一颗"炸弹"。他担心会把实验室炸坏，特意在院子里进行试验，果然产生了巨大爆炸力，还把他击倒在地，幸好没有受伤。

爆炸发生后，休伯尔非常担心受到父母的责骂。出乎意料的是，父母并没有处罚和责骂他，更没有禁止他做实验，而是对他说："既然是做科学实验，就必须要讲科学，要严谨，容不得半点侥幸和想当然。"

父母的话极大地激发了休伯尔的创造信心。后来，休伯尔专心于科学研究，并以严谨的科学态度取得了巨大的研究成果，荣获了诺贝尔奖。

所以，父母要让孩子去"冒险"，让他们去体验陌生的事物，培养他们的创造精神。不要为了孩子的安全，就不许孩子去探索，那样孩子就会成为永远驶不出港口的"船"。

3

研究人员曾做过这样一个实验：

有4只猴子被关在一个密闭的房间里，每天只能吃很少的食物，猴子饿得吱吱叫。数天后，有人在房间上面的小洞里放了一串香蕉，一只饿得头昏眼花的大猴子一个箭步冲向前，可是它还没拿到香蕉时，就被预设机关泼出的热水烫得全身是伤。大猴子没有吃到香蕉，回来了。

后面三只猴子仍依次爬上去拿香蕉，同样被热水烫伤。于是猴子们只好望"蕉"兴叹。

又过了几天，进来一只新猴子。当新猴子肚子饿得也想尝试爬上去吃香蕉时，立刻被其他三只猴子制止。

实验员又再换进一只猴子，当这只猴子想吃香蕉时，所有的猴子仍然像上次那样，上来加以阻止。

当把所有的猴子换过一遍后，仍没有一只猴子敢上去碰香蕉。

后来，实验人员把热水机关取消了，但猴子们对唾手可得的盘中餐——香蕉，则奉若神明，谁也不敢前去享用。

在现实社会中，许多父母就像那些曾经被热水烫过的老猴子，他们全凭借自己过去的老经验，告诉孩子这也要注意，那也要留心。结果使孩子做什么事都小心翼翼，不敢有一点探索和冒险精神。

孩子来到这个世界上，对自己及周围的环境是不了解的，他们只有通过各种活动，不断积累各种成功或失败的体验，才能对自己的能力有所认识。

英国冒险家费内斯曾多次探险南北两极。他曾经说："探险是我一生最大的乐趣。有时候为了攻克某个难关，你如果不想放弃，就必须冒险。换句话说，人生如果不冒险就不会有收获。世界上的伟人，都是在经历了风险之后才最终取得成功的。对于青年人来说，从小就培养他们的探险精神，让他们懂得如何规避风险是非常重要的，其重要性并不亚于学习数学和语言。"

不过，需要指出的是，我们这里所讲的冒险，是指冒"合理的风险"，而不是一种"匹夫之勇"。

孩子还小，父母要帮助孩子，指导孩子，然后鼓励孩子，最后自己也可以尝试一下，与孩子一起冒险的乐趣。

保护孩子美好的想象力

大人们在不知不觉中将孩子引入一个不需要想象，只需要记忆的世界，最终，这些孩子也变得和大多数人一样，只会重复前人的知识与技能，不会突破与创造。所以，如果父母认为想象力是非常重要的，那么就留意生活中的点点滴滴，留意你对孩子"奇思妙想"的反应。

1

孩子的生活中充满着想象：他们把几个小凳子并排放，就把它想象成一列远道而来的火车；他们抱着洋娃娃，会想象自己是医生，在给洋娃娃治病……

孩子的想象力在某种程度上来说，是强于成人的。孩子天生就有很强的想象力，可是现在很多父母觉得孩子总是"异想天开"，经常出于保护孩子而加以反对，实际上这扼杀了孩子的想象力。

2

有一天，诚诚和他的好朋友西西在家里用儿童积木，以及自己找出来的一些废旧纸盒玩游戏。

两个孩子比赛建筑宫殿，诚诚的宫殿搭得很高，西西的宫殿很矮。

诚诚说："我的宫殿的上方可以搭上一个梯子，一直通往月宫。你那个可以吗？"

西西辩解说："我这个可以通往地下，地下很大的，还有海洋和鱼儿。"

诚诚说："我这个也可以呀，上面通向月宫，下面通向海洋啊！"

西西又说："如果我想上天去也可以的，我在里面安一个开关，像飞机那样的，想上天去，一按就飞上去了。"

诚诚兴奋起来："那我们在天上会遇见吗？"

西西："当然会的，我还可以请你到我的宫殿做客。"

诚诚这时又有了新的想法："我应该在宫殿上面插上红旗，以免你因认不出我的宫殿而走错了地方。"

于是，诚诚说着便去抽屉里找可以做红旗的材料。他没有找到，便跑到客厅找爸爸，爸爸听了孩子的解释后说："什么红旗不红旗的？你们在房间里瞎折腾什么呢？"

爸爸说着，便随孩子进了房间，他大声呵斥："看把屋里弄的！你们在干什么呢？别玩了，等你妈妈下班回来，会说你的。"

诚诚急切地说："爸爸，让我们再玩一会吧！我的宫殿还没有插上红旗呢！"

爸爸："我说别玩就别玩了，尽说那些可笑的话。别玩了，别玩了！"

顷刻之间，两个孩子充满美好想象的宫殿被爸爸无情地摧毁了。

3

富有想象力的孩子在生活中处处有惊喜，他们能在平常的生活中发现不平常之处，让生活充满了惊喜和乐趣。

想象力这份宝藏，是每个孩子天生都拥有的。孩子的头脑里还没有什么条条框框，想象力因此就很丰富，但，许多父母不知不觉中，就将一条束缚想象力的枷锁套在孩子身上。要求孩子按自己的思维方式、思维习惯去想问题、做事情，对孩子的想象、创造的萌芽熟视无睹，意识不到保护孩子想象力和创造力的重要性。

久而久之，孩子的想象力也就渐渐消失了。

如果孩子不会想象，就像鸟儿不能飞翔，即使再美丽的世界、再广阔的天空，也无法承载他们的梦想，因为他们已经感受不到，体会不到。

与其把孩子教育成毫无活力的"废物"，倒不如放开他们，让他们在想象的世界中去徜徉！

逼孩子努力的时候，
父母自己在做什么？

与其羡慕"别人家的孩子"，不如偷师"别人家的父母"，但凡是成功的孩子，背后都站着努力的父母，而我们大多数父母，只会一味逼孩子努力，自己却没有以身作则。

1

"孩子，你将来一定要比爸妈出息。"很多父母都对孩子说过这样的话，总觉得自己这辈子过得不如意，希望孩子能够超过自己，过得更好。这本来是人之常情，但是有一个现象值得引起重视。

很多父母说完这句话，就像是给自己的人生定了性，"我这辈子不可能再有作为了，所以，也就心安理得地安于现状，进取啊，奋斗啊，都是你的事情了，爸爸和妈妈就不用再去想了"。

问题是，如果你自己的水平就很一般，就算孩子超过你，又能超过多少呢？

如果你是比尔·盖茨，对孩子说要超过自己，可能还真的有难度，但如果你是一个一事无成的爸爸，孩子随随便便也就超过你了，相对于他的资质和潜力来说，超过你并不算什么。

当你要求孩子"比你有出息"的时候，是不是等于你承认了自己的"没出息"？

当你要求孩子努力的时候，是不是等于承认自己可以不努力了？

2

有个孩子写了一篇关于爸爸的文章，值得一读：

我爸爸的鼻梁上架着一副近视眼镜，看起来很严肃的样子。

爸爸是一名中学教师，他每天早早就起床，坐在凳子上想一天的教学要点啊，教学方法啊，怎样管理学生啊等等，总之他有想不完的问题。每到双休日，爸爸会拿起英语书、化学书，端端正正地坐在凳子上看，还把不懂的地方抄在本子上，以后找时间再解决。他看书总是很入神，有一次吃过早饭，爸爸正看化学书，我想让爸爸带我去买橡皮，叫了几次，他都没听见，最后我大声喊道："爸爸，带我去买橡皮！"爸爸如梦初醒似的说："啊，啊，对，我有时间一定带你坐一次飞机！"在里屋收拾房间的妈妈和我一起大笑起来。

"还有一次，是我的生日，正赶上星期天。妈妈和爸爸商量好决定趁我生日这天去饭店。这天吃过早饭，爸爸和往日一样，拿起他的书，坐在凳子上，又认认真真地看了起来。妈妈就和爸爸说："咱们先去商场给孩子买件生日礼物，中午我们就去饭店。"爸爸说："那好，你们先走一步，我看完这部分就去找你们。"妈妈和我看爸爸这样珍惜时间，就没再坚持一定和我们一起去，我们娘俩就先走了。等我和妈妈逛了半天商场，生日礼物也给我买好了，时间也已经是中午了，可还不见爸爸的踪影。我和妈妈只好吃完饭回家。谁知道，爸爸还在凳子上看书呢。

家里有这样一个爱学习的爸爸，我自觉自己的学习劲头不如爸爸好，我心里默默地想着，将来我也要成为爸爸这样的人。

从这孩子的作文中，我们可以明白，人的一切行为，不管是好的，还是坏的，都是通过学习得来的。

让孩子努力的时候，父母自己在做什么？这是一个最能说明教育是否到位的指标。

父母本身就很努力，那么努力的道理，不用讲孩子也能明白。他的人生起点也就高出了别人许多。这才是真的"赢在起跑线上"。

3

莫卧儿帝国的统治者阿克巴尔大约生活在700年前，他想要知道，什么是人的先天语言。因此，他让一些婴儿同他们的父母分开，并且这样抚育他们：只给孩子们食物和照料，但是不允许同孩子说话或者给孩子爱。结果是令人震惊的，当孩子放出来时，他们不支配任何语言，他们什么语言也不能掌握，他们不再是可教育的，完全成为不可教的，甚至企图在军队中使用他们也失败了。

派克在《少有人走的路》中写道："大多数人过了中年，就认为自己的人生完美无缺。对于新的信息和资讯，他们没有多少兴趣；对于生活，他们的面貌疲惫不堪。只有极少数幸运者能继续努力，他们不停地探索、扩大和更新自己对世界的认识，直到生命的终结。"

不管是博士毕业的父母还是小学毕业的父母，只要不甘拘泥于现实的萎靡，不曾放弃对生活的努力，不停学习、探索、进步，永远热血沸腾永远努力向前，就是孩子最好的陪跑员。

玩，对孩子不是小事

玩对孩子不是小事，父母不能随随便便就取消孩子的玩耍权。不给孩子玩耍的权利，不让孩子有玩耍的自由，就是束缚孩子的行动，禁锢孩子的思维，扼制孩子创造力的发展。一颗没有自由的心灵是没有创造力的，但愿父母们都能重视玩的重要性！

1

在这个世界上，没有哪一个孩子不爱玩，也没有哪一个孩子不会玩。

玩是孩子的特点和天性。孩子一生下来，就开始通过玩来了解世界。

其实，作为父母的我们在自己的童年时代也是玩着过来的，只是如今自己做了父母，竟把"玩"与孩子的学习对立起来。

爱玩是孩子的天性，他们好奇好动天真烂漫，对什么事情都充满了热情。但长久以来，许多父母一直认为玩物会丧志，会影响孩子的学习。事实上，玩并不是坏事。只要引导得当，孩子同样能在玩耍中学习知识，增长才干。

达尔文小时候是个贪玩的孩子，学习成绩并不理想，他一有时间，就跑到自家的花园里和妈妈苏珊一起玩耍做游戏。在父亲和老师的眼里，这个孩子没有什么前途，但是妈妈不这样看，玩耍能给孩子的生活带来乐趣，有什么不好的呢？

妈妈和达尔文一起玩的时候，经常教他怎样辨别各种花草，观察各种昆虫，识别蝴蝶和蜻蜓的翅膀。在妈妈的教导下，达尔文对各种生物的兴趣越来越浓，而且观察能力越来越强，还经常向妈妈主动请教生物方面的知识。

有一次，达尔文和妈妈一起到野外游玩，妈妈指着大片的土地告诉达尔文，土壤孕育了一切生命。有了土壤，才有树木青草这些植物，有了这些植物，才会让牛羊等动物……"那么，人是从哪来的？"于是，在达尔文幼小的心灵里，"生命的起源"成了他探索的目标。

后来的一切，每个人都知道，达尔文成了伟大的生物学家，进化论的奠基人，而他所取得的成就，我们不能不说，有他妈妈的功劳，也有他"贪玩"的功劳。

2

父母因为将孩子玩看成是纯粹的浪费时间，所以就会千方百计地阻止孩子玩。

其实，玩也是一种学习，孩子通过玩探索世界，了解自我，学会和他人合作，锻炼社交能力。玩可以开发智力，在尽情的玩耍和游戏中，孩子的创新思维就会像泉水般不断从脑海中涌现。

　　嫣然的家在海边，她最喜欢踩沙滩、捡贝壳，当然还有在海边搭"城堡"。

　　一天，嫣然和小伙伴悠悠一起搭建一座最美的"城堡"，"城堡"堆得很高，她们给这座城堡取了个名字叫"月色之光"，她们想着晚上让那些螃蟹和贝壳能有个做好梦的地方。可是城堡没有门，螃蟹和贝壳怎么能进来呢，所以她们打算给城堡开一个大门。

　　两个小家伙，开始用小手掏"城堡"，打算抠出一个洞来。她们从最上面开始掏，没掏几下，"哗啦"，"城堡"塌了，嫣然和悠悠赶紧将"城堡"补好，然后又在原来挖过的地方重新挖了起来，没几下，"城堡"又塌了。这回，嫣然开始觉得哪里可能不对，她决定换一个位置挖试一试，这次她们俩选择从"城堡"的根部开始挖洞。嫣然这么做不是没有根据的，她有自己的理由，因为所有房子的门都是开在下面的！

　　就这样，嫣然和悠悠使劲地掏啊、掏啊，终于掏出一个大洞。嫣然想把洞扩大一点儿，因为这样，即使大一点的动物也能住在里面。她小心翼翼地扩大"城堡"的空间，不断地从城堡上面的"墙壁"往下抠沙子。不幸的是，"城堡"再一次坍塌了！而且这次坍塌得很厉害，她和悠悠一个下午的杰作就这样毁于一旦。

　　嫣然和悠悠并没有灰心，她们约好明天再来搭"城堡"。通过今天的"劳作"，她们大概了解了给城堡挖洞的一些小窍门：上边的沙子不能太薄；不要把洞挖得太大，这样会塌掉；也不要在城堡的顶端挖洞，因为那里的沙子很少，不结实，容易塌。

她们两人准备明天按此做新的尝试。

嫣然和悠悠在游戏中，通过自己的不断尝试，寻找最好的方法，在这个过程中，她们通过对比、判断和分析，总结出什么方法好、什么方法不好。这不就是学习的过程吗？

高尔基曾经说过："游戏是儿童认识世界的途径，他们生活在这个世界里，并负有改造它的使命。"

3

在童年阶段，虽然每个孩子自由玩耍的方式均不同，但都与创造力密切相关。当孩子心无旁骛地玩耍时，请家长千万不要打断他们，因为此刻，孩子的心灵正在成长，大脑正在迅速建立创意联结！

父母不仅要给孩子玩耍的自由，还要和孩子一起玩，有创造力地玩，因为父母陪孩子玩耍，给孩子传递的信息就是："你值得我花时间陪伴，我愿意和你一起玩。"这对孩子是莫大的鼓舞，无论孩子是上幼儿园，还是念高中，内心都渴望父母关注自己，希望父母参与到自己的生活里来。

聪明的父母，若能常常和孩子一起玩，并把普通玩具和游戏玩出新花样，孩子会深受影响和启发，使他们也能以创意和轻松的态度对待学习、对待生活。

第六章

心平气和的家长不包办

——爱的最高境界是放手

<<<<<<<

让知识驱赶孩子的恐惧

孩子怕黑、怕鬼这类恐惧情绪，明显是因为缺少自然知识所导致的。只要父母对孩子进行自然知识的教育，孩子就能摆脱对这些事物的恐惧，培养起勇敢的性格。

1

因为生意重心的转移，李先生一家跟着移民到了美国，儿子李成进了纽约当地的一所小学。担心李成换了环境会不习惯，从而耽误了学业，李先生对儿子的上学情况非常关注，隔几天就问儿子。

有一天，李成放学回家，从书包里拿出一张画，递到李先生的手中："爸爸，你看这幅画画得像不像我？"李先生看了一眼，发现儿子画的是一副白骨，吓了一跳："你为什么要画这个？"

"老师让我们画的。"李成认真地说道。

李先生不相信，为了能更好地了解情况，他决定第二天跟儿子一起去学校，顺便看看儿子的学习环境。

第二天一大早，李先生就带着儿子去了学校，一踏进儿子上课的教室，李先生就愣了一会儿。教室的墙上挂满了画，画的都是白骨，他数了数，一共19张。李成的班级一共18个人，加上老师，刚好19个人。

李成拉着李先生的手，指了指墙角的一张与他个头差不多高的画说："爸爸，你看，这张就是我。"李先生仔细看了看，这19张画好像是医学专业用的尸体解剖图，每张图的右下角都写着名字，他的疑惑更重了，孩子年纪这么小，怎么让他们欣赏这些图呢？

这时候，李成的老师进来了，说："今天我们要上'勇敢课'，有些家长对今天挂在墙上的教具很不理解，但这是非常必要的。我们给孩子看这些图是为了让孩子对自己的身体有清楚的了解，学习知识是必需的，但勇气也是必需的，每个人的身体都是由这些东西组成，所以不必感到害怕。"

听到这，李先生感到非常吃惊，但又觉得美国小学的教育方法很有道理。

偶然有一天，李先生带着李成看了夜场电影，散场后已经半夜了，他问儿子："天这么黑，你怕不怕鬼？"李成淡淡地回应："世界上没有鬼，人死了就是一副白骨。"口气专业极了。

2

孩子总是对各种自己不知道不了解的事物抱着恐惧心理，有的孩子怕黑，从来不敢一个人进黑漆漆的房间；有的孩子怕动物，一旦看到老鼠、蟑螂、小虫之类的小动物，立马吓得号嚎大哭；有的孩子怕打雷，每次一打雷就觉得好像有妖怪来了；有的孩子怕地震等各种灾难……

中国的父母喜欢用吓唬的方式"增强"孩子的恐惧心理。有时候孩子闹脾气，父母觉得无法应对了，就会吓唬孩子："你再闹，老虎就来了，如果你再不听话就把你丢到外面去，让老虎吃了你。"一听到这，胆子小的孩子立刻就被镇住了，孩子的确变得听话了，不闹了，但孩子的胆子被吓得更小了。

就因为这样，对于常识性的事情，孩子却越来越害怕，甚至不敢独自面对。这也是为什么现在有很多孩子不敢自己一个人睡觉，也不敢一个人走夜路，甚至连到一个没有灯光的房间里取东西也不敢。

3

勇敢是每个人都需要具备的品质，为了让孩子具有这种品质，父母可以尝试从几个方面训练孩子的勇气。

首先，教会孩子正确的知识。

人们最恐惧的是未知，无知是胆怯的根源。只要教给孩子正确的自然常识，懂得自然当中的科学现象，孩子就会摆脱对自然现象的恐惧心理。父母要及时教给孩子基本的自然和社会常识，可以给孩子买一些有关自然现象的书籍，比如百科全书，在书中寻找自然现象产生的原因；也可以带孩子去各种各样的博物馆，感受人类对自然的探索；还可以抽出时间带孩子到大自然中，真正近距离地感受大自然的奥秘，让孩子在增长见识的同时，也增长自己的勇气。

因为知道，所以不怕。只有在了解了自然现象产生的原因以及表现形式后，才不会在一听到打雷声就大哭不止。想要锻炼孩子的胆量，就必须教给孩子正确的知识，才能够驱除由于无知而产生的恐惧。

其次，采用系统脱敏疗法。

系统脱敏疗法，是一种治疗孩子恐惧的方法，十分有效。对于害怕的东西，孩子们通常一见到就会心惊肉跳，恨不得立马躲开，比如有些孩子特别怕狗和猫等小动物。这时候，父母可以示范着摸一摸狗和猫，或许让不怕狗的小朋友当着自己孩子的面摸一摸，之后再鼓励孩子自己上前去摸一摸，让他亲身感受到只要对动物施予善意，动物就不会伤害自己。明白这一点之后，孩子就能够去拥抱狗和猫，慢慢地就不怕了。

再者，让孩子直面黑暗。

孩子怕黑，父母不要反复强调"黑不可怕"，第一次可以陪着孩子一起走到没有开灯的房间里，看看里面的确没有什么可怕的东西，消除孩子的顾虑；第二次陪孩子走到房间门口，父母站在门口不走，让孩子自己进黑屋子里取东西，等到孩子走出来，父母要表扬他的勇敢，并鼓励他继续努力；多试几次，孩子之后就会明白黑暗没有什么可怕的，其实是恐惧心理阻止了自己前进的步伐，如此孩子才不会在黑暗面前止步。

最好的保镖，是孩子自己

孩子总要长大，自己走上社会，在激烈的社会竞争中，最好的保镖是孩子自己，家长的过度保护会使孩子的独立能力得不到很好的发展，一旦走上社会就会相形见绌。

1

幼儿园的老师发现刚入园的聪聪胆子特别小，聪聪今年4岁，他总是自己一个人窝在角落里，不跟其他小朋友说话玩耍，甚至连教室里的玩具都不敢碰。后来跟聪聪的父母有了沟通，原来聪聪在家里被爷爷奶奶保护得非常好。

从记事开始，他不能碰东西，水壶不能碰，容易烫着；电视机不能碰，容易被电着；柜子不能碰，容易被柜子角磕着……无论他想碰什么东西，都会被爷爷奶奶阻止。久而久之，聪聪变得什么东西都"害怕"，对探索外部世界意兴阑珊。显然，奶奶的过度保护导致聪聪在潜意识层面形成了很多阻碍和桎梏，同时，他的探索能力和创新思维也逐渐被磨灭。

有一位教育专家说过："你不让他跌倒，他就会永远不知道跌倒的滋味。父母不可能保护孩子一辈子，当有一天他跌得更重时，可能就爬不起来了。"从聪聪的案例中，不难发现过度保护孩子其实是对孩子的一种伤害，不仅会让孩子失去锻炼自己的机会，失去独立生活的能力，还会让孩子的人际交往过程充满坎坷，更会让孩子失去树立自信的机会。

在成长的过程中，孩子必须经历磨难和坎坷，这是成长的规律，而没有在磨难中得到锻炼的人，不仅无法照顾好自己，更难以在社会当中立足。

2

林林的妈妈带孩子到一位亲戚家做客，外边突然传来一阵嘈杂声，伴随着孩子的呼救声，林林急忙跑出去看，亲戚的邻居出去买葱，厨房里正做饭的油锅忘记关了，起了火，12岁的女儿在家，看到着火时，吓得逃出门来大哭，完全不知道要怎么做。

林林立刻拿起锅盖扣了上去，又关了火，女孩满脸泪痕，一副不可思议的样子，像是在问"就这样简单"？

其实林林也只有13岁，但是林林的妈妈很早就教过他这些常识。

根据中国一项最新的抽样调查，结果表明，意外伤害已经成为"残害"世界各国青少年的第一大"杀手"。

实际上，在所有意外伤害的事例中，除了不可预见的自然灾难和人力不可抵抗的重大事故，剩下80%的非正常死亡是能够通过预防措施和应急处理避免的。

现在大多数的孩子都是独生子女，而父母有自己的工作要忙，很难面面俱到地照顾孩子，这时教给孩子一些灾害防范和急救知识，有意识地对孩子进行伤害模拟训练、生存训练，就能够避免很多意外伤害。

首先，要教育孩子正确认识遇到的人和事，明辨是非对错，区分真假善恶。

其次，提高警惕性，消除面对危险的麻痹心理和侥幸心理。

再者，树立自我防范意识，掌握一定的安全防范方法，增强防范能力，在遇到异常情况时，能够冷静、勇敢、机智地去应对。

比如，不接受任何陌生的人的钱财、食物和玩具，与陌生人交谈时要千万提高警惕，不能随便跟陌生人走；熟记自己的家庭地址以及父母的姓名、工作单位、公司地址以及电话号码，在紧急情况下先与父母取得联系；牢记报警电话，遇到紧急情况或者发生异常情况时，及时报警；一个人在家时，要锁好防盗门，有人敲门时，不可盲目开门，先看清或者问清敲门的人是谁，如果是陌生人，不要开门，就算是熟人，大人不在家，也不要轻易开门。

作为父母，从小对孩子进行家庭安全教育。这样不仅能够培养孩子的自救能力，还能够培养孩子的防范意识和社会责任感。让孩子觉得"我能保护我自己"。

从现在开始，
教会孩子做家务

通过劳动这件事，不仅可以认识世界，而且可以更好地了解自己。这种劳动对孩子来说，是真正的欢乐。不要害怕孩子的双手会磨出硬茧，不要把孩子过度保护，要让孩子真正体会，面包来之不易。

1

张晓马上就要13岁了，下学期就读六年级了，妈妈发现她开始追求漂亮了，因为最近张晓换衣服的频率越来越高。一天一套已是平常，有时候一天要换两三套，这直接加重了妈妈做家务的负担。于是，晚饭期间，妈妈主动谈起这件事："晓晓，你即将是上六年级的人了，爸爸妈妈的工作很忙，妈妈想知道13岁的你能否为妈妈分担一些家务呢？比如做一些自己能做的事，就像自己的衣服自己洗，可以吗？如果你忘记的话，就只能穿没有洗过的脏衣服了。"

张晓觉得并不难，就痛快地点了点头。一个礼拜过去了，洗衣机里塞满了张晓换下来的脏衣服，妈妈很生气，严厉地批判了张晓，张晓连忙说她下次不会忘记了。可是又过了一周，洗衣机的脏衣服还在，并且日益增多，洗衣机都放不下了，张晓只好把衣服堆在房间里，满满的一地都是。这时，张晓发现自己已经没有多少干净的衣服可以换了，但妈妈对此置之不理，完全不参与，张晓只好从脏衣服堆里挑出比较干净的衣服继续穿。

一个月过去了，张晓再也找不到一件稍微干净点的衣服，她看着狼藉的房间，想了想妈妈强硬的态度，没办法了，只能把衣服一件一件地塞进洗衣机，自己动手，这时她发现其实洗衣服没有想象的那么难，但比想象的累多了，她也体会到了妈妈的辛苦。

从此之后，张晓的衣服都是自己洗的，她有空的时候还会帮妈妈做其他的家务。

2

做家务这件事，看起来似乎只是简单的重复性动作，但也是孩子获取劳动机会的最简单的方法。五六岁的孩子已经到了自立自强的阶段，鼓励孩子参与做家务，会让孩子体会到劳动的乐趣，会让孩子更爱这个家，也会让孩子学会责任、自理和独立思考。

家长要鼓励孩子多做家务，可以让孩子先从和自己相关的事情做起，再慢慢扩展到为家人服务。从小就开始学着为家中尽一份心力，便能培养出孩子的责任感。因为家务本就是家中每个人的共同责任，整理自己的东西更是每个人责无旁贷的事情，大家生活在一起，自然都有责任维持这个家庭的干净与整洁。

孩子在做家务的同时，也是培养正确的劳动态度的过程。热爱劳动这个品质并不能只依靠理论说教，更重要的是让孩子通过在劳动中的体验而自然产生。对尚未具备独立能力的孩子来说，劳动实践是学习知识、了解认识社会的重要途径，而在日常中的家务劳动锻炼正是一个难得的学习机会。

与父母一起承担家务劳动，能让孩子了解到只有通过自己的劳动，才能享受真正的人生，享受真正的生活，才能体验到创造的快乐。如果孩子的记忆中只有书本知识，而没有运用这些知识指导实践的体会，很难激发孩子进一步的求知欲望和热情。

不仅如此，在做家务的过程中，孩子还能获得自信心和成就感。虽然年纪还小，不能做得很完美，但在练习的过程中，孩子会发现自己有能力完成很多事，从中获得自信。

3

虽然做家务的习惯可以从小培养，但是家长也必须了解，孩子的年龄越小，能力就越有限，所以不可能将家务做得完美，要懂得欣赏孩子用心和认真做家务的过程，而不要只以结果为标准去评判孩子。另外家长还要引导孩子做家务，以下是几种可参考的方式。

让孩子参与择菜、洗菜的过程，能够让孩子知道自己吃的美味佳肴需要经过彻底的清洗才能食用，不仅让孩子参与活动，更教导孩子卫生常识。

让孩子参与洗米、煮饭的过程，从第一步开始就让孩子积极参与，舀米的时候，告诉孩子根据吃饭人数决定米的多少；

洗米的时候，告诉孩子洗米水能够用于洗碗等用途，不仅能让孩子参与家务，而且还懂得节约。

让孩子参与扫地、擦桌子的过程，给孩子一块专用的抹布，让孩子自己试着去把脏地方打扫干净，或者在父母的教导下，学会如何将脏地方弄干净，激发孩子思考的能力。

让孩子参与晒衣服、收衣服、叠衣服的过程，让孩子学习分类洗衣服的必要性以及学习动手折叠的能力，学会自己的事情自己做。

引导孩子做家务时，父母不能用家长的权威压制孩子，或者用命令的口气要求孩子，这样会让孩子觉得做家务是一种负担，而是应该用温和的语气和商量的口吻。当孩子做完一件事家务时，可以给孩子一些言语上的鼓励，当然也可以给一些零花钱或者礼物作为奖励，但不能让孩子觉得这是做家务的条件，否则他会认为把自己的袜子收起来就能够拿到报酬。

在鼓励孩子完成家务的过程中，请注意，鼓励一定要清楚而且具体，让孩子知道自己好在哪里，比如孩子拖地拖得干净，不要笼统地说一句"宝贝，你太棒了"，而应该说"看，你拖得真干净，你真是一个仔细的小孩"。

在给孩子示范如何做家务时，父母要多做示范少说话，如果只顾着说，孩子的注意力就会集中在说的话上，而不是你的双手正在做的事情。举个例子，当你把面包、花生酱和小刀子放在桌子上，当你在舀花生酱的时候，孩子正在认真地看着，你示范如何一只手拿着面包另一只手在面包上抹花生酱。示范一遍后，让孩子尝试一遍如何做，而你在旁边可以轻声告诉他他的做法是否正确。

　　在与孩子一起做完家务后，父母可以和孩子一起坐下来喝杯水，说："宝贝，你辛苦了。看，房间干干净净的，看着好舒服，对不对？来，我们休息休息吧。"这是为了让孩子知道做家务不是为了讨谁的欢心，而是享受做完一件事的成就感。

　　父母要培养孩子做家务的兴趣和能力，不能以孩子的年纪尚小为借口，劳动能力要从小培养。如果孩子慢慢长大了，不会做家务，父母也不要抱怨，从此时此刻起，培养孩子做家务的能力。

自理能力，需要从小培养

　　自理能力是人生存和发展所必需的能力之一。培养孩子的自理能力就要让孩子从小从身边的小事做起，学会由易到难，学会一些自我服务的技能，如穿衣、学习整理床铺等。这些事看上去虽小，但实际上给孩子创造了很好的锻炼机会，无形中让孩子学到独立生活的能力。

1

阿翔的学习成绩很好，老师也夸他的头脑很聪明。阿翔的父母只有这么一个儿子，所以特别宠爱他。在家的时候，阿翔什么事都不用干，父母都会帮他准备好，所以他每天在家的时候就是打打游戏、上上网。阿翔的父母每天都送阿翔上下学，其实他们的工作也忙，但阿翔的学校距离远，他们担心阿翔在路上太辛苦，到了学校就没有精力学习，所以他们就牺牲自己，苦点累点没事。

有一天，阿翔乡下的爷爷突然打来电话，说阿翔的奶奶病了，让阿翔的父母尽快回老家照顾照顾。阿翔这时已经是初中生了，毕竟课也紧张，所以他们在跟单位请了假之后，吩咐阿翔："爸爸妈妈回老家估计得三四天，你要自己照顾好自己，给你这几天的生活费自己买饭吃吧，上学不要迟到，路上骑车的时候要小心啊。"

父母回乡下的第一天，没有人喊阿翔起床，他自己也忘记定闹钟了，一觉醒来已经八点了，他急急忙忙收拾好一切，连早饭都没有吃，就打车去了学校。中午放学回家，父母放在冰箱的饭菜，阿翔不会加热，所以就买了一堆零食，一边吃一边看电视，吃完后也不收拾，垃圾袋就放满了桌子，他就骑着自行车去上学了。晚上放学到家，简单写了写作业，阿翔就去书房打游戏，一直打到凌晨一点，钻进早上没叠的被子里睡着了。

父母回乡下的第二天，阿翔重复着第一天的生活。

父母回乡下的第三天，阿翔在放学回家的路上，想着昨天的游戏，一出神就跟其他的自行车相撞了，车子都撞变形了，胳膊都划伤了。

阿翔的妈妈看阿翔奶奶的病情有了好转，就丢下阿翔爸爸先回了家。一进家门，发现客厅里堆满了垃圾，阿翔房间也乱糟糟的，脏衣服扔了一地，被子也没叠，阿翔妈妈很生气，一边收拾一边埋怨，但看到阿翔中午回来时，手上带着伤，本来想要好好教训他的，一下子就不忍心了："你这是怎么弄的？怎么这么不小心？"

"不小心和别人撞了一下，只蹭破了点皮而已。"阿翔无所谓地说。

过了几天，阿翔的爸爸回来了，阿翔的妈妈就把这几天的情况和他说了，她满是担忧："这孩子这么大了，怎么不会照顾自己呢？屋子也不收拾，天天吃零食……儿子这么不会照顾自己，咱们怎么能放心他以后一个人出去上大学？"

2

在现实生活中，很多孩子由于年龄小，早期出现的劳动热情往往会给父母增添一些麻烦，可能要浪费父母一点时间，甚至还会糟蹋一些东西，因此有些父母觉得孩子做不好，自己重新再做太麻烦，索性就直接"包办"，而不愿意放手让孩子做一些力所能及的事。

有些父母认为，吃饭、穿衣等生活技能是不用训练的，只要小孩长大了，自然就会了；有些父母认为，在成长过程中，孩子最重要的事情是学习，与学习无关的所有事都可以被忽略……这些观念都是错误的，如果不让孩子从小接受锻炼，就相当于强行剥夺了孩子自理的能力，夺走了孩子拥有独立能力的机会。

如果孩子完成得并不完美，父母不要责怪，要反复讲解，反复示范，甚至手把手地教，再逐渐放手让他独立操作，千万不要觉得孩子完成得不好，就事事代劳，久而久之，因为失去练习的机会，很多事情，孩子就真的不会做了。

3

周周在外地工作，虽说"儿行千里母担忧"，但他的父母只是想念，"忧"却基本没有，因为他们知道，不管遇到什么问题和困难，儿子都会想办法解决的，因为他知道那是他自己的事。

周周刚上小学时，父母就跟周周做了一次严肃认真的谈话："你现在是小学生了，应该学会自己管理自己。每天按时起床，穿衣上学，不准迟到；放学回家，先完成各科作业并认真检查，收拾好学习用品后才能去玩。父母有自己的工作，你有你的学习任务。现在，我们每个人都必须做好自己的事情。"

父母还把周周每天的零花钱按月交给他，让周周自己掌控，告诉他节约自得，超用不补。他们只是默默地关注着周周的一举一动，定期不定期地抽检作业，只要不出大的、原则性的问题，从不多加干涉。

周周也还算听话，基本上能按要求去做。当然，刚开始少不了需要父母提醒，但慢慢地时间长了，习惯就养成了。就这样，周周轻轻松松地度过了他的小学阶段。

周周上初中的时候，父母也仅是买了一只闹钟交给他，让闹钟提醒他按时起床。上高中、上大学的时候，周周也是自己收拾好行李，拎着行李箱自己去的。再后来到找工作，也没有让父母操过心。

父母应该时刻告诫自己的是，每个孩子最终都要独立面对生活中的风风雨雨，而不是一辈子生活在父母的庇护下。每个人都会经历世事变幻的沧桑，每个孩子都需要经历一些风风雨雨才能成长起来。无论是幸福还是痛苦，无论是顺境还是坎坷，都是孩子人生中的一笔财富。

孩子要的是方法，而不是答案

善于思考者越能思考，不想思考的人越不能思考。如果父母不能及时鼓励孩子去思考，他们就会慢慢放弃思考的能力，给自己贴上一个"不善于思考"的标签，如同一个罩在玻璃杯中的跳蚤一样。

1

伟大的物理学家爱因斯坦说过："学会独立思考和独立判断比获得知识更重要。"他说："不下决心培养思考习惯的人，便失去了生活的最大乐趣。"

人能够完全控制的东西并不多，思考能力是其中重要的一项。那么有伟大成就的人都有着善于思考的习惯，善于发现问题、解决问题，不会让一时的问题成为人生永远的难题，可以说，没有正确的思考，就没有正确的行动。

可是，看看现在很多孩子，多数情况下都是一遇到困难，就想从父母或者其他别人那里得到帮助，获取现成的答案。

美娟很讨厌数学，因为她觉得数学要杀死很多脑细胞，所以做数学作业，就成了她最讨厌的事情。

下午放学时美娟和思甜约好晚上八点一起排练儿童节的节目，可是眼看着就要到时间了，她的数学作业还没有做完，美娟很着急，就加快了速度。

最后一道数学题美娟不会做，就急忙喊："妈妈，快来帮我的忙，这道题我不会做了!"美娟的妈妈听见后，走到女儿面前，拿起题看了一下，然后告诉女儿应该如何答题。美娟按照妈妈所说的写完了作业，高兴地去找思甜去了。

这样的事情几乎天天发生，美娟遇到不会的问题就找妈妈帮助也成了习惯。后来美娟的妈妈发现，昨天才给女儿讲的类似的题目，今天她又问应该如何解答。妈妈让美娟先思考一下，她却说："我不会想，你还是把答案告诉我吧。"

美娟的妈妈后悔自己没有从最初就教孩子学会独立思考。

2

常常听到父母抱怨自己的孩子不爱动脑筋，懒得思考。不知道各位父母有没有问过自己，在孩子成长的过程中，你给他思考的机会了吗？

小丹是一个懒惰的孩子，她不喜欢做家务，也讨厌学习。小丹的家长感到非常苦恼。孩子平时根本不会主动去思考，学习就像喂饭一样，喂一点学一点，一点都不知道主动。而且，家长教会她基础知识之后，稍微延伸一点她就不会了，常做的题变个形式她就不懂了。

这并不是因为小丹太笨，实际上小丹很聪明，只不过在思考这方面她表现得太懒惰。她已经习惯于别人教什么学什么，根本不会主动去思考问题，更不要说自己解决问题了。之所以产生这样的结果，这和小丹父母的教育分不开。

小丹小的时候简直就是一个"问题专家"，什么都喜欢问，什么都要想。孩子一有问题，不解决那是不会罢休的。所以对待小丹的问题，她的爸爸、妈妈一向会第一时间作答。不过他们也有被问烦了的时候，当小丹想要深入了解一个问题的时候，她的妈妈就会不耐烦地对小丹说："你记住这个就行了，再想就是科学家的事情，你不用知道那么多。"

刚开始小丹不依，但是时间久了，就成为一种习惯性的依赖。小丹不会主动去问问题，因为如果有重点老师一定会说。她觉得什么都不用思考，因为只要有问题爸爸、妈妈一定会给自己一个答案的。她认为自己也不用深入思考，因为还有科学家……就这样，小丹越来越懒惰，不愿意动脑筋了。

孩子养成了依赖父母的习惯后，就不知道什么是思考，也不会去想如何解决问题，一切只等待着父母给自己出主意、想办法。这样的孩子长大后，没有创新精神，只会人云亦云，不会有什么大的作为。

3

闹闹上五年级了，但是他有一个不好的习惯，就是干什么都不够专心，做作业经常是一边玩一边做，所以每次作业都要做到很晚。

妈妈为了改掉他这个坏习惯，于是就想了一个办法。晚上闹闹做作业的时候，妈妈也带着电脑坐在他的对面，然后告诉他妈妈晚上也需要"做作业"，不如他们比赛看谁先完成作业。闹闹想赢得这场比赛，所以他在做作业的时候就改掉玩的坏习惯。

可是，一段时间后妈妈又发现闹闹有一个不好的习惯。

闹闹做作业的时候经常找妈妈求救，妈妈一开始还很热心，等到她发现孩子并不是不会，只是不想动脑筋的时候，妈妈就给他讲了个故事。

从前有一只快乐的小蜗牛，有一天，小蜗牛从水坑中看到只有自己背上背着又硬又厚的壳，十分不开心，它问妈妈："为什么其他小动物的背上都没有这个又硬又重又难看的壳呢？"

妈妈解释道："这是因为我们的身体没有骨骼支撑，只能慢慢地爬行。这个壳是来保护我们的！"

小蜗牛反问道："可是小毛虫也没有骨头，爬得也不快啊！为什么它不用背？"妈妈说："可是毛虫长大了会变成蝴蝶，天空会保护它啊！"

小蜗牛又问："蚯蚓呢？它变不成蝴蝶，为什么也没有像我们一样的壳呢？"

妈妈说："那是因为蚯蚓会钻到土里面，大地会保护它啊！"

小蜗牛听完之后，哭了起来："我们好可怜，天空不保护我们，大地也不保护我们。"

故事讲到这里，妈妈问闹闹："小蜗牛的妈妈劝慰着伤心的小蜗牛，你猜她怎样说？"

闹闹冥思苦想，然后说："妈妈来保护你？"

"不对。"妈妈说："小蜗牛的妈妈对它说——'所以我们有壳啊！这个壳就是我们用来保护自己的。能够自己保护自己，自己帮助自己，不是很好吗？'"

闹闹突然说："那我也想有一个壳了。"

妈妈笑着说："我们没有背上的壳，但是却有脑壳啊。脑袋就是用来想东西、自己解决问题的，不然要它干吗？"

闹闹明白妈妈的意思了，于是自觉地回去想题目了。

每一个孩子其实都具备一定的独立思考的能力，所以当孩子遇到问题时，父母不要急于把答案教给孩子，而是学会等一等，鼓励孩子自己认真思考。

当孩子经过思考，却回答不出时，也不要着急，可以循序渐进，一步一步提示，引导孩子进行更深的思考；当孩子经过思考，回答错误时，不要指责孩子，而是应该耐心地讲解，同时提出一些启发性的问题，让孩子意识到自己的错误，并且主动纠正。

如此一来，你的孩子必将成为一个勤于思考、睿智理性的人。

凡是孩子自己能做的事，
让他自己去做

我国教育家陈鹤琴先生说："凡是孩子自己能做的事，让他自己去做。"美国心理学家戴尔说："孩子需要一定的空间去成长，去试验自己的能力，去学会如何对付危险的局势。不要为孩子做任何他自己能做的事。如果我们过多地做了，就剥夺了孩子发展自己的能力的机会，也剥夺了他的自立及信心。"

1

琳琳今年才三岁半，现在已经每天自己洗完脸后会自己抹润肤露，会自己到饮水机上去倒水喝，自己会把奶粉一勺勺地倒进奶瓶里冲上水，会玩完玩具睡觉之前自己收拾起来，会自己搬着凳子洗自己的小杯子小碗小奶瓶，会自己穿裤子穿衣服穿外套脱鞋脱袜子，会自己把盘放在机器里调出动画片。最近又学会了在地上把外套平铺好然后两只胳膊在脑袋上一翻就穿进去了，穿厚厚的棉服的动作和方法让琳琳的父母都看傻过很多次，忍俊不禁。琳琳看见爸妈高兴就更高兴地每次都要求自己穿外套。

琳琳之所以自理能力这么强，主要归功于了琳琳父母什么都放手让琳琳自己去做，不怕做错，就怕不做。

琳琳父母的观点就是：水洒了不要紧，要紧的是告诉孩子从哪里拿什么去擦，又怎样才能擦干净；奶粉撒到奶瓶外面不要紧，要告诉孩子怎么拿勺子，用什么角度倒就不会撒；吃饭时不用人喂，怎么样才能不把饭吃得到处都是，为什么推盘子就意味着吃饱了；开冰箱倒饮料没关系，一定记住要把冰箱门再给关回去；喝饮水机里的水，一定记着只倒常温的那个出水开关，因为热水口出来的水会烫了手；上了卫生间要如何自己脱了裤子坐上马桶下来后再怎么自己冲马桶然后去洗手；洗手的时候要如何挽起自己的袖子到哪里，又如何用香皂才能自己洗干净手；从润肤霜的瓶子里用哪个指头，怎么取，取多少才能既不浪费擦脸油又能把自己的脸擦得匀匀的；早上从哪个抽屉里会拿出干净袜子来，晚上脏袜子脱下来又要放到哪里去；书收在哪里，各自的衣服收在哪里，玩具又各自在哪里；DVD机哪个键是电源，哪个键是播放，哪个键是回放，电视机的遥控器哪个键可以控制声音，孩子们自己现在都知道也可以自己去操作……

正是在琳琳父母的教导下，小小的琳琳才学会了这么多的生活技巧。

2

在身边很多真实故事中，许多父母每次看到自己的孩子在做事情时，总是忍不住或者习惯性上前帮忙，甚至包办，这样做的原因不外乎是怕孩子做不好，又或者怕孩子累着，但他们不知道的是，从儿童发展的观点来看，这些看似不经意的帮助会挫败孩子探索世界的积极性和限制孩子独立的意识，不给孩子锻炼的机会，剥夺了孩子自理能力发展的机会，久而久之，孩子也就丧失了独立能力。更严重的是会打击孩子的自尊心，在今后处理很多事情的时候都会认为自己无能，从而不愿意去尝试，甚至产生逃避、自卑的心理，丧失对自己的信心。

美国希尔顿饭店的创始人希尔顿，从小时候，就开始被父亲培养他的劳动实践能力。

希尔顿人生当中的第一次劳动是在他很小的时候，有一天，天才刚刚亮，父亲就让希尔顿起床，递给他一个大约两米长的草耙，说："现在你可以去畜栏里工作了。"就这样，希尔顿接过比他的个头还高出两倍的草耙，在父亲的带动下，一边读书一边干活，养成了勤勉和善于经营的本领。

开始上学后，父亲就专门为希尔顿开辟了一块地，希望他能够自食其力，学会耕种赚钱。于是，希尔顿白天上学，一放学就跑去给自己的土地松土、浇灌和施肥。等到农作物收获了，希尔顿便拿到市场上去叫卖。每一年，他的第一个顾客都是他的母亲，当从母亲接过手中的钱时，他感受到了收获的喜悦和成功的快乐，同时也会倍加珍惜自己的劳动成果。

除了种地，每次学校放假的时候，希尔顿还会跑到父亲的商店里打工，跟父亲学做生意，父亲毫无保留地教他处理各种各样的业务，包括如何衡量顾客的信用，如何与顾客讨价还价，如何揣摩顾客的心理需求，如何应对进货退货，甚至如何在关键的时候保持内心的平静和理智。

　　印象最深的一次，父亲让希尔顿帮忙进货，而且是离家几百里的地方，一去要去十几天，但希尔顿出色地完成了任务。

　　正是这样一次又一次的磨炼，希尔顿收获到了很多的业务经验，胆子越来越大，能力也越来越强，而后迅速成了一个出色的生意人。

3

　　每位父母都把培养孩子当成是自己不可推卸的责任，但父母需要明白的是，这份责任并不是要把孩子紧紧地拽在手里，让他们不能动弹，最好的方式是适当放手，给孩子一定自由的空间，在保证孩子安全的情况下，让孩子做力所能及的事，让孩子在自由的空间里翱翔。

　　罗伯特·汤森说："人最终要独立地走向社会，就必须拥有自主独立的能力。因此从小就培养自我意识，培养自主、自立、自强的精神，认知和实践能力。自我发展本身也是个人对自身的一种反思。正是从这种反思中人才不断地找到自我，超越自我，实现自我。"独立就是自我生存的意识和能力。只有一个人具备了独立的意识和能力，才能比较容易地适应社会，摆脱逆境，把握机遇，发展自己。所以，父母应该重视对孩子独立性的培养，在孩子很小的时候就有意识地培养他们的独立性。

　　每位父母在孩子成长的过程中会注意到，孩子做任何事情都会遵循一个规律，从不会到会，从做得不好到做得好。因此，当孩子一件事做得不好时，不要急于责骂，这会打击孩子的自信心，也不要急于代替孩子帮助他完成，这会剥夺孩子锻炼自己的机会。

　　家长们要看到在孩子自己做事的过程中他们获得了发展，这是价值所在。孩子只要自己愿意做事，不管做得如何，家长都应该鼓励他。

第七章

心平气和的家长重礼仪

——拼教育，不如拼教养

< < < < < < <

好教养源自好习惯

教养是一种因教育而养成的优良品质和习惯，它是一些习惯的总和。教养与习惯紧密相连，良好的习惯久而久之会成为一种自觉的行动，内化为教养。

1

20世纪60年代，苏联宇航员加加林乘"东方"号宇宙飞船进入太空遨游了108分钟，成为世界上第一位进入太空的宇航员。

当时有20多名宇航员，为什么偏偏选中加加林？原来，当时挑选第一个上太空的人选时，有这么一个插曲。在确定人选前一个星期，几十个宇航员去参观他们要乘坐的飞船，主设计师科罗廖夫发现，在进入飞船前，只有加加林一个人脱下鞋子，只穿袜子进入了坐舱。因为他觉得："这么贵重的一个舱，怎么能穿着鞋进去呢？"正是这个细节一下子赢得了科罗廖夫的好感，他感到这个青年如此懂规矩，又如此真爱他为之倾注心血的飞船。于是在他的推荐下，加加林就成了人类第一个飞上太空的宇航员，执行人类首次太空飞行的神圣使命。正是这个小小的习惯，充分展示了他的教养程度，也使加加林的名字永远写在了人类航天的史册中。

2

上海有一家外资企业发布了招聘信息，报酬丰厚，待遇极好，当然要求也很高。通过几轮角逐，几位高学历的年轻人过五关斩六将，马上就要如愿以偿了。

面试的最后一关是总经理的面试。几位年轻人在办公室等了五分钟，总经理才出现，一出现就说："各位，很抱歉，我现在有一点急事需要处理，大概需要十分钟，你们能否在这里等我？"年轻人纷纷点头，说："没问题，您去吧，我们等您。"

总经理走后，几位踌躇满志的年轻人迅速围住了总经理的办公室，桌子上放了三摞文件，一摞是文件，一摞是资料，一摞是信件。年轻人百无聊赖，一个个动手翻着，有人看文件，有人翻资料，还有人甚至打量起信件来，看的过程中还互相交流。

过了十分钟，总经理回来了，严肃地说："各位，面试已经结束了。很抱歉地通知大家，你们都没有被录取。"

一位年轻人十分疑惑："可是您并没有面试我们啊？"

总经理淡淡地说："我出去的十分钟就是对你们的面试。本公司不能够录取随便翻阅领导文件的员工。"

几位年轻人听到这，都傻了眼。从小到大，从没有人告诉他们不能够随意翻阅他人的文件，更别说养成这个习惯了。

英国教育家洛克说："习惯一旦养成之后，便用不着借助记忆，很容易很自然地就能发生作用了。"教养其实也是一种习惯，在形成初期，也离不了父母的教育和培养。当下的很多孩子缺少教养，大多数的原因是父母在其成长的过程中忽视了教养的培育。

尽管在就读幼儿园和中小学期间，孩子在学校里接受了不少有关于教养的理论知识，说起来头头是道，可是真的到了实践当中，却又不知道如何去做，甚至连最基本的生活规范都不懂得，因此父母在教养方面，必须给予良好教育。

3

小习惯常常会影响大事情。没有经过总经理的允许，就私自翻阅总经理办公桌上的文件，这是没有教养的表现，看似一个很小的坏习惯，却影响了一个人的工作仕途。大量的案例表明，很多人的失败其实并不是因为智商不够，能力不足，而是因为他们在教养上的匮乏，导致了人品上的失败。

每个人的人生发展规律是大同小异的，大多逃不出一个规律：良好的习惯形成了良好的教养，良好的教养又形成了高尚的品格，高尚的品格成就了高尚的事业，高尚的事业又成就了高尚的人生。由此可见，克服不良习惯的任务非常必要，不能让坏习惯破坏了孩子的明天和未来。

习惯具有自发作用，很多人在平时的生活当中，根本不会意识到自己某些反复的言语或者行为是习惯在产生作用；习惯具有持久性，主要表现在谈话方式、行动方式以及生活方式上，具备长期养成、不易改变的特性。

良好的言行举止的习惯不是与生俱来的，而是在日后的学习、生活过程中逐渐形成的。好的习惯会伴随人的一生，是孩子全面发展的重要基础，对今后的学习、生活、事业的成功也会产生重大的影响。

因此，父母要在生活的点点滴滴中入手，把培养孩子养成良好的习惯当成是一件大事来抓，以持之以恒、坚持不懈的态度培养孩子形成良好的习惯，促进孩子健康成长。

先有规矩，再成气魄

如今有很多年轻的父母，崇尚自由，渴望自由，同时又受到各种社会因素的影响，缺乏家规意识。在家庭教育当中，缺乏规矩的约束和制衡，不仅不利于家庭建设，更不利于孩子的健康成长。

任何一个文明家庭，都应该有既能够约束家庭成员的言行举止，又符合社会基本公共道德准则的家规。

1

俗话常说："国有国法，家有家规。"国法是根据国家的意志而颁布的对社会具有强制性的法律法规，而家规是根据家庭成员的关系而对家庭具有强制性的行为道德规范。每个家庭都有适合自己的"家规"，属于"家庭文化"中重要的一部分，古今中外，古往今来，莫不如此。

家规不必特别复杂，只需简单明了、容易操作即可，能够在家庭当中规范孩子的言行举止，培养孩子良好的教养。

所谓家规，就是家庭成员共同遵守的道德行为准则。家规教育，就是家长通过良好行为规范的训练，有目的地教育孩子遵守一定的道德行为准则，从而培养孩子良好行为习惯的一种家庭教育手段。

"没有规矩，不成方圆"，足见规矩的重要性。孩子属于未成年人，年龄尚小，自制力不强，易于诱惑，这些特点告诉我们教育孩子光靠自觉是不行的，需要一定的外力强制力。家规就是一种有效的外力，它具有强制作用，可以约束孩子的行为，使孩子成为一个有教养的人。因此，家长对待孩子的教养态度、教育理念直接对待孩子的发展具有非常大的影响，家规定得好，孩子也更容易成功。

2

崔璐璐连续五年被评为市里的三好学生，老师常常夸她比其他同学懂事，是大家学习的楷模。这其实与其父母对她的教育有很大的关系。在璐璐5岁的时候，父母就给她定了简单的家规：自己洗澡，9点半睡觉，尊重师长，爱护同学，遵守公共秩序，而且执行得很坚决，绝不心软。几年坚持下来，璐璐就养成了良好的习惯，每天自己起床，自己吃早饭，自己上学，晚上做完作业后看一会电视，然后自己洗澡睡觉，从不用父母操心，对老师也很尊重，而且善于帮助别人，学习成绩也很优秀。

在现实生活当中，其实处处都充满了诱惑，很多案例表明，如果能够为孩子制定恰当的家规，不仅能够规范孩子的行为，让孩子成为一个有教养的人，还能让孩子在面对社会诱惑时，具有一定的自制力。

根据家庭的实际情况，制定适合的家规，作为彼此生活的原则和底线，有利于塑造一个幸福的家庭；而父母与孩子一起遵守家规，会对孩子产生潜移默化的影响，有利于孩子的健康成长与发展。

3

美国前总统奥巴马，不仅在事业上取得了巨大的成功，在教育子女方面也有独到的观点。奥巴马夫妇共育有两个女儿，为了培育两个女儿更加健康成长，夫妇俩对女儿制定了几条既简单又观念性很强的家规。

（1）不能有无理的抱怨、争吵或者惹人讨厌的取笑。

（2）一定要铺床，不能只是看上去整洁而已。

（3）自己的事情自己做，比如自己冲麦片或倒牛奶，自己叠被子，自己设置闹钟，自己起床并穿衣服。

（4）保持玩具房间的干净整洁。

（5）帮父母分担家务，每周有一美元的工资。

（6）每逢生日或是圣诞节，没有豪华的礼物和华丽的聚会。

（7）每晚8点30分准时熄灯。

（8）安排充实的课余生活：玛莉亚跳舞、排戏、弹钢琴、打网球、玩橄榄球；萨莎练体操、弹钢琴、打网球、跳踢踏舞。

（9）不准追星。

这九条规定非常简单而具体，一就是一，二就是二，对于五六岁的孩子来说也能看懂和领会。这几条家规的重点在于培养孩子成为一个有教养、有自理能力、有理财观念、勤俭节约、有良好作息习惯、多才多艺的人。相信这也是很多家长的共同愿望。

4

对孩子进行家规教育的前提条件就是制定家规。制定家规没有一个固定的模式，根据每个家庭的情况不同而不同，主要原则是从实际出发，简明扼要，持之以恒。真正好的家规，没有胁迫感，没有约束感，只有适合。

另外，需要注意的是，家规虽然是一种规定，但是父母不能够在进行家规教育时，产生专制的做法。家规教育有效的原因在于它的规矩性，而并非一种"子从父"的封建伦理，只有尊重孩子的人格，家规教育才能够促进孩子的身心发展。

在制定家规的过程中，父母应该注意以下几点。

首先，让孩子理解家规的目的和意义。

父母制定家规的目的，并不是要用条条框框去限制孩子的自由，让孩子成为听话的工具，而是要让孩子明白，无论是在家庭中，还是学校里，又或者社会上，都必须遵守并接受一些基本的规则。只有明白了对与错，明辨是与非，孩子才能够健康快乐地成长，父母才能够更准确地把握教育孩子的分寸。

其次，制定家规要尊重孩子的成长特点。

家规的制定，必须符合孩子的年龄特点，最先要取得孩子的同意，如若能与孩子共同商量制定则更好，孩子只有认同家规，才会自觉执行。家规要尽量简单，不要长篇大论，孩子容易失去耐心；家规要符合年纪，过于严厉、过于宽松都不适合。

再者，有具体落实家规的措施。

制定了家规，之后就要进入认真贯彻执行的阶段，不然就算家规制定得再好，不执行也是没用的。制定家规的目的是为了约束家庭成员，但能否真正约束住，需要看执行的具体情况，好的办法有记录家庭日记，每月进行总结大会等。

父母要经常提醒孩子遵守家规，按照家规的规定去做，让孩子拥有执行家规的意识，在做完一件事后，利用家规进行总结对比，让家规真正成为约束孩子言行举止的"法规"。同时，父母要起到良好的示范作用，带头自检，发扬民主，互相监督。

用道歉驱散彼此的阴霾

孙子曾说过："过也，人皆见之；更也，人皆仰之。"在生活中，倘若自己的言行有失礼不当之处，或是打扰、麻烦、妨碍了别人，最聪明的办法，就是及时向对方道歉。衷心道歉不但可以弥补被损伤了的关系，而且还可以增进彼此的感情，体现一个人的教养。

但在现实生活中，却又一些人不愿放下面子主动去道歉，有可能是受了传统观念的影响，也可能是对道歉的理解存在误区，而最主要的原因，可能是不少人从小就没有建立起向别人道歉的习惯。

1

在一所中学的食堂里，学生们正井然有序地排着队，这时候，有一个初三年级的男生被前面的同学一推，不小心后退踩了身后一位男生的脚。因为觉得自己也是受害者，所以，这个男生没有道歉。这可把他身后的男生惹火了，他大声骂了起来："有没有素质呀，踩了人都不会道歉？"

结果这个男生也急了，用胳膊肘狠狠地捅了一下身后的那个同学，于是，两个人扭打成一团，直到老师赶到，才制止了这场可能会进一步激化的打斗。

本来是一件小事，却因为不懂道歉而发展斗殴事件，这是人们所不愿看到的。所以，当做错事情的时候，一定要学会道歉。如果我们每个人都能做到犯错后及时承认并道歉，不必要的矛盾、纠纷就大大减少，整个社会的人际关系也会和谐很多。

本杰明·狄斯拉里说："世上最难做的一件事，便是承认自己错了。要解决这种情况，除了坦白承认错误，没有更好的办法。"

道歉的作用非常大。如果你发现自己做错了一件事，但碍于面子和尊严，你不仅不及时向别人道歉，而且还千方百计地找各种理由为自己辩解，这时候，你不仅得不到别人的谅解，而且会让事情变得越来越糟，激化了矛盾，让你成为舆论的众矢之的，并且还会受到道德上的谴责，甚至是人格和形象上的损害。

有位名人曾经说过："学会道歉是一个重要的社会技能，真诚的道歉将会使人们感受到人与人之间最美好的情感。"主动道歉是打开通向原谅和恢复彼此之间关系大门的最有效的钥匙。

在家庭教育中，让孩子学会主动道歉也是父母必须学会的一门功课。当孩子产生了错误的言语和行为，父母需要在第一时间就教导孩子勇敢认错，并纠正错误的行为，只有从小就养成良好的行为习惯，才能够让习惯贯穿一生。

2

俗话说："人非圣贤，孰能无过？"就连大人都不能避免做错事情，更何况不具备成熟心理的孩子呢？对于孩子来说，重要的不是不犯错，而是在做错事情之后，如何抱着诚恳的心及时认错，并且及时向对方表白自己的歉意。

学会道歉是一种礼貌，也是一个重要的社会技能。所以，当孩子做错事情的时候，一定要让孩子学会道歉，去承担后果，付出代价，这不仅仅是为了得到别人的原谅，也是为了让孩子从小建立责任感，增强孩子的自律精神、谨慎言行，以便将来顺利融入社会生活。

做家长的要让孩子知道：道歉并不是"对不起"三个字那么简单，而是要将心比心地去意识到自己的错误。

朋友的儿子亮亮，真的称得上是名副其实的"小霸王"，每次在外面玩，不是推倒了邻家的小妹妹，就是一脚把比他个子还大的小哥哥给踢哭了……朋友每天都在应付亮亮闯下的祸，低头认错说抱歉，可是亮亮长这么大了，连个"对不起"都说。

有一天，亮亮的爸爸带着亮亮去一位叔叔家做客，叔叔家有一个小妹妹，亮亮就和小妹妹一起玩"过家家"，一开始玩得挺好的，没过一会儿，两人就为谁扮演警察而吵了起来，亮亮生气了，站起来就把小妹妹推倒在地。

小妹妹哭着喊着找爸爸："爸爸，他欺负我。"亮亮的爸爸看了，连忙拉过亮亮的手，让他跟妹妹道歉，亮亮瞪着眼睛，死活不开口，眼看着爸爸要伸出手打自己一顿了，亮亮这才不服气似的拉长了声音："哼，我错了。"

看着亮亮一副不知错的样子，亮亮的爸爸又急又气，回去又免不了和朋友一顿吵架。

一些孩子因为年纪不大，没有是非对错的概念，加上不能够很好地自我控制，又没有足够的责任意识，所以不能够正确认识自己犯的错误，因此在做错事情之后也不知道如何道歉。有时候，父母会通过责骂和批判，要求孩子道歉，但其实孩子并没有从内心中认识到自己的错误。所以，当孩子犯了错，父母不要忙着责备，而是应该耐心地告诉孩子他哪里做错了，为什么错了，需要如何改正才是正确的。只有明白了其中的道理，孩子才能够认识错误，主动道歉。

3

有些孩子明明知道自己犯了错，却百般抵赖不道歉，刻意逃避，甚至恼羞成怒，这是一种不负责任的表现。究其原因，父母可能在其中做了不好的示范。

向东的爸爸下班回家后，看到自己最心爱的茶具摔在了地上，碎成一片，不分青红皂白就把向东叫出来骂了一顿："你为什么做事总是这么不小心？"

向东委屈得呜呜大哭："爸爸，这茶具不是我摔碎的。"

向东爸爸冷笑一声："家里就三个人，我早上是最后一个离开的，走的时候茶具还是好好的呢，这会儿你是第一个回来的。除了你还有谁？"

过了一会儿，向东妈妈下班回到家，解释说："我中午回来拿个材料，走得急，不小心把茶具碰倒在地上了，还来不及收拾就走了，不是向东摔的。"向东爸爸听了，嘴里"哼哼"了两声就走开了，也没有想着跟向东说一句对不起。

一个人做错了事，伤害了别人，就必须道歉，但是在生活中，有不少父母认为如果向孩子低头认错、道歉，会很没有面子，失去作为长辈的权威。其实不是的，父母向孩子道歉，是一件值得肯定的事。当孩子犯了错，他也会效仿父母，主动承认错误，主动道歉。

在孩子面前承认错误，或者寻找一个恰当的机会与孩子谈论自己的错误，不仅能够教育孩子成为一个具有勇气的人，因为只有懦夫才会逃避责任，真正勇敢的人会在犯了错之后，直接说明犯错的原因，并提出改正的措施，绝对不会找理由逃避责任或者把责任推给别人。

道歉是一件很真诚的事情，不是一种为自己狡辩的伎俩，更不是一种骗取别人的宽恕的捷径，心中必须有责任感，勇于自责，勇于承认过失，才能够有效地道歉。

"谢谢"铸就孩子一生良好的品质

"谢谢"这一深含文明、礼仪的词语，让人欣喜、让人心仪、让人感动。对于他人的给予和帮助，我们送上一个笑容和一句真诚的发自内心的"谢谢"。这不仅是感谢帮别人的方式，更是促进人与人之间和谐的礼仪。

1

曾经听过这样一个故事，说是在一个很小的县城里有一所中学，学期末要开家长会，几十位家长都来了，老师要求几位同学负责接待。不过，那几位女同学并不知道什么叫做接待，她们知道先把家长一个个接到座位上，然后倒茶。

等家长来得差不多了，几位女同学聚集在教室后面，开始窃窃私语。众多家长中，有一位母亲引起了大家的广泛好奇，她是新转学来的明明的母亲，听说来自北京。明明的母亲长得并不漂亮，衣服也不是很时髦，看上去很普通，但是几位女同学都觉得她特别有风度，这是她们唯一能够想到的词语了。

其中一位女同学去给明明的母亲倒水，回来时，脸颊红彤彤的，她迫不及待地跟同学说："我刚刚去给她倒水，你们猜，她对我说什么了？"

"说什么了？"几位女同学显得很好奇。

"她跟我说，谢谢。"

几位女同学面面相觑，在她们这个年纪，在这个偏远的小县城里，还没有人用过"谢谢"这两个字，听上去多么新鲜，多么温暖啊。于是，仿佛是为了听到那两个字，几位女同学争先恐后地去为明明的母亲倒水，回来时，个个的脸都是红的，甚至还有点儿紧张，但她们很享受走到明明母亲的面前，轻轻地加满水，听她说一句"谢谢"的感觉。

那次家长会结束后，明明成了所有同学羡慕的对象，大家一致认为，明明拥有一个最有风度的妈妈，也一定拥有一个幸福的家庭，而从此，班上的同学都学会了一个十分温暖的词语——"谢谢"。

2

有一批应届毕业生，被导师带到杭州的某实验室参观。他们坐在会议室里等待实验室孙科长的到来，这时有位实验室的服务人员来给大家倒水，同学们表情木然地看着她忙活，其中一个还问了句："有矿泉水吗？天太热了。"服务人员回答："抱歉，没了。"学生们顿时怨声一片。

只有轮到一个叫康辉的学生时，他轻声说："谢谢，大热天的，辛苦了。"这个服务人员抬头看了他一眼，满含着惊奇，虽然这是很普通的客气话，却是她今天听到的唯一的一句感谢话。

这时候，孙科长走进来和大家打招呼，可能大家已经等得不耐烦了，竟没有一个人回应，孙科长也感到有些尴尬。康辉左右看了看，犹犹豫豫地鼓了几下掌，同学们才稀稀落落地跟着拍手，由于不齐，越发显得零乱起来。

孙科长挥了挥手："欢迎同学们到这里来参观。平时这些事一般都是由办公室负责接待，因为我和你们的导师是老同学，非常要好，所以这次我亲自来给大家讲一些情况。我看同学们都没有带笔记本，这样吧，王秘书，请你去拿一些我们部里的纪念手册，送给同学们作纪念。"

接下来，更尴尬的事情发生了，大家都坐在那里，很随意地用一只手接过孙科长双手递过来的手册。

孙科长的脸色越来越难看，走到康辉面前时，已经快要没有耐心了。就在这时，康辉很礼貌地站起来，身体微倾，双手握住手册恭敬地说了一声："谢谢您!"

孙科长闻听此言，不觉眼前一亮，伸手拍了拍康辉的肩膀："你叫什么名字?"康辉很礼貌地回答了自己的姓名，孙科长微笑点头回到自己的座位上。早已汗颜的导师看到此景，微微松了一口气。

两个月后，毕业分配表上，康辉的去向栏里赫然写着这个实验室的名字。有几位颇感不满的同学找到导师问："康辉的学习成绩最多算是中等，凭什么选他而没选我们?"

导师看了看这几张因为年轻而趾高气扬的脸，笑道："是人家点名来要的。其实你们的机会是完全一样的，你们的成绩甚至比康辉还要好，但是除了学习之外，你们需要学习的东西太多了，礼貌便是重要的一课。"

3

　　一个周末，王双骏的爸爸约了几个好朋友到家里吃饭。这几个好朋友，都是王双骏爸爸死党级别的哥们儿，三天两头到家里来玩，每次来都当是自己家里似的，无拘无束，王双骏一家也不拿那几个好朋友当外人。

　　这一天，其中一位叔叔特意从国外给王双骏买了一个非常漂亮的玩具模型，是王双骏一直心心念念想要的兰博基尼汽车。叔叔一进门，王双骏就开心地跳了起来，急忙接过汽车模型，细细地摸着，开心之前溢于言表，不过，看了很久，王双骏一点儿也没有向叔叔道谢的意思。

　　这时候，王双骏的妈妈从厨房里走了出来，看到了儿子手中的模型，问："跟叔叔说谢谢了没有？"送车模的叔叔在一旁憨笑，"这么客气做什么？"

　　王双骏的妈妈听完后，皱起眉头，说："就算是妈妈送你礼物，你也得说一句谢谢啊。你之前看过的故事书里，不都说过了吗？你怎么转眼就忘记了？"王双骏听完，就继续摸着汽车模型，还是没有任何表示。厨房里正做着饭，王双骏的妈妈没有时间跟儿子讲道理，无奈地摇了摇头就走开了。

　　等到爸爸的几个好朋友走了，王双骏的妈妈来到儿子的房间，严肃地说："叔叔好心送礼物给你，你为什么连一句谢谢都不会说呢？"

　　"爸爸和叔叔总是称兄道弟，好得就像一家人，连我都把叔叔当成好朋友了，好朋友之间还需要说谢谢吗？"王双骏委屈地说道。

"当然要啊。"王双骏的妈妈觉得儿子在这一点上存在着误区，"宝贝，你仔细想一想，叔叔作为你的'好朋友'，他必须给你这个玩具吗？并不是，他是对你好，才送给你的，对不对？虽然叔叔并不是一定要你这一句谢谢，可是如果你表示了你的谢意，叔叔是不是会觉得更开心呢？而且，叔叔也会觉得你是一个有礼貌的孩子，对不对？"

听完妈妈的话，王双骏若有所思，认真地点了点头，说："谢谢妈妈告诉我这个道理，我觉得您说得对。我不能因为觉得叔叔是自家人就不懂礼貌，妈妈，我以后会注意的。"

一句"谢谢"，看似微不足道，却在细小之中体现出一个人的素养；一句"谢谢"，好像只是一个简简单单的词语，但却能让听到的人感受到一阵暖意，也感受到你的真心实意；一句"谢谢"，是对别人为自己提供的帮助而给出的一种肯定，也是一种鼓励，鼓励他继续为他人提供帮助。

让孩子说一声"谢谢"，这是最基本的礼貌，这也是对别人起码的尊重。虽然只是简单的两个字，但却能铸就孩子一生良好的品质！

别让脏话弄脏了人生

所谓脏话，即污言秽语、粗鄙不文的言语，字面解释为不正面、不合适的言语，语句中含有令聆听者感到有羞辱或冒犯的用字遣词。

在日常生活当中，成年人常说脏话，但因为听的人习惯了，也不会去思考脏话的含义，顶多觉得心里不舒服，话不投机半句多，大不了扭过头走人就是了；有的人听不惯，脾气一大就恶语相向，甚至引发身体暴力冲突。

可是，对于那些涉世未深，对世界充满好奇，喜欢模仿的孩子来说，脏话可是一件天大的灾难。

1

亮亮今年5岁，他和邻居平平在同一家幼儿园上学，平日里玩得很好。一个周末，亮亮和平平在公园里玩耍，平平搬椅子的时候不小心碰到了亮亮，但他没注意，只顾着玩。这时候，被碰到的亮亮不肯了，直接冲上去对着平平破口大骂。

亮亮的妈妈正在不远处跟邻居聊天，一看到就立马跑过来制止亮亮，说："你怎么能骂人呢？"亮亮气呼呼地说："谁让他碰到我了，他碰到我就骂他。"说到这，亮亮妈妈气得打了亮亮一巴掌，亮亮立马就坐在地上号啕大哭。

亮亮骂人的行为也不是一次两次了，亮亮妈妈训斥过，甚至也打过，但是这骂人的习惯，亮亮总是改不掉，亮亮妈妈对此感到很苦恼。

在成长的过程当中，可以说，每个孩子都骂过人，这几乎是成长的必经阶段。父母除了要认识到这个现象，还要知道孩子骂人的原因，一般来说，主要有三个原因。

第一个原因，孩子说脏话是无心的，他们本身没有是非对错的观念，只是从大人或者其他人那里听到了，觉得好玩就模仿着说脏话了。第二个原因，当孩子最开始说脏话的时候，尤其是刚刚开始学说话的幼儿，听到他们偶尔学着说了一两句脏话，父母没有对其进行制止，熟视无睹，甚至觉得还蛮有意思的，导致孩子说脏话逐渐变成了一种习惯。第三个原因，孩子的语言系统并不发达，自我意识不够强烈，只能用学来的一些言语形容事物或者发泄自己的情绪。

2

南南正在上小学，他让老师感到很头疼，因为他满口脏话，经常欺负女生，哪怕是面对一些女老师，态度也很不恭。班主任很是担心，联系了南南的妈妈，没想到南南的妈妈在电话里哭了起来，原来南南在家时对妈妈也很无礼，经常骂自己的妈妈。班主任苦口婆心地教育南南，要懂礼貌，要尊敬长辈，但是收效甚微。

有一次，因为南南辱骂了一位女老师，班主任就去到南南家进行家访。迎接老师的是南南的父亲，听了班主任的"控诉"后，一把拿起一根棍子，直接往南南的屁股上打去，嘴里骂着："小小年纪，让你不学好，让你骂人，你从哪里学的？你妈妈那个死猪婆也不管你，老子一天忙着给你们赚钱……"

"爸爸，我跟你学的。"南南哭着喊。

南南的爸爸顿时哑口无言，放下棍子坐下了。

南南的爸爸当着孩子的面直接侮辱自己的妻子，甚至外人都还在场呢，就对孩子进行打骂。在这样的家庭氛围当中，南南怎么可能学会懂礼貌呢？

班主任好心劝南南的爸爸，这位父亲也终于意识到了自己的行为不对，而且也给孩子造成了不好的影响和后果，于是学着改正错误，学会尊重妻子，克制自己讲脏话。南南也变得越来越懂礼貌了。

3

在很多教育孩子的案例当中，不难发现，孩子的语言表达方式，在很大程度上是模仿才形成的。如果父母出口成"脏"，说话粗俗，孩子就很容易受到"熏陶"，模仿父母说脏话，因此，父母应该提高自身的品质修养，争取为孩子做出良好的榜样。

想要解决孩子说脏话的问题，首先要查出孩子说脏话的原因，根据不同的原因给予不同的指导，从而彻底纠正孩子说脏话的坏习惯，以下几个方法可供参考。

第一，父母要给孩子提供纯净、透明的语言环境。

在孩子成长的过程中，会经历各种各样的生活环境，而不同的生活环境有不同的语言习惯，父母要让孩子尽量在纯净的语言习惯中活动。可以让孩子结交文明的小朋友，防止孩子从小伙伴身上学到各种各样的脏话。

另外，父母还需要谨慎地选择孩子观看的电视电影，也要引导孩子玩文明、健康的游戏，避免孩子从中学到脏话。

第二，面对说脏话的孩子，父母的态度很重要。

当孩子说了脏话，父母要及时站出来制止；当孩子反复说一些脏话，父母应该严肃地指出，这些话不文明，也不好听，没有人愿意听这些话。在指出错误的过程当中，父母要注意文明用词，不能在批判中掺杂脏话，这会让孩子认为，父母能够说脏话，我为什么不可以？

第三，找准孩子说脏话的问题所在，对症下药。

如果孩子说脏话只是觉得好玩，能够引起大人的注意，或者引得其他人发笑，父母可以在孩子说脏话时表现出不高兴或者直接不搭理，多试几次，孩子就会觉得没意思，不好玩了，也就不会再说脏话了。

如果孩子说脏话是因为没有正确的是非对错观念，父母就要在日常生活中，抓住每一个能够增强孩子判断对错与是非的机会，对孩子进行深刻的教育和教导。

如果孩子说脏话是为了发泄内心的不满或者其他的情绪，父母应该教育孩子如何正确地表达情绪。在孩子安静的时候，父母循循善诱，告诉孩子，如果内心觉得不满或者不开心了，可以选择生气不搭理别人，也可以选择直接告诉对方"你错了""我觉得你不对"等话语表达情绪，而不能采取骂人的形式，骂人只会激化矛盾，并不能解决问题。

没有天生的熊孩子，
只有修为缺失的父母

很多时候，父母的一举一动，一言一行都会潜移默化地印在孩子的脑海里，影响到孩子未来路上的关键选择和决定，最终影响到他们的命运。教养不是天生的，但一个熊孩子背后，一定有一对修养缺失的父母。

1

晓晓是个淘气的孩子，总是爱玩爱闹，常常安静不了两三分钟，为此妈妈想了不少办法，可是依然没有效果。

为了陶冶晓晓的情操，妈妈带着晓晓去听音乐会，一路上晓晓兴高采烈，看看这儿，看看那儿，觉得什么都新鲜。

妈妈在进音乐厅之前，一再告诫晓晓，要遵守音乐厅的规则，不能大声喧哗，不然台上的叔叔、阿姨就会分散精力，不能演奏好乐曲。晓晓一再点头答应，并保证自己不乱说话。

演出开始了，随着悠扬的乐曲，人们陶醉在优美的音乐中。起先晓晓确实没有发出半点声音，安静地坐在座位上听音乐。可是没等第三支乐曲演完，晓晓就有些坐不住了。他开始扭着小屁股，东张西望，时不时地小声对妈妈说话，"妈妈，这是什么曲子啊？我怎么听不懂啊？"

"晓晓，你刚才可是向妈妈保证过，不说话的啊。"妈妈看到晓晓蠢蠢欲动，就小声提醒他，"乖孩子，好好听，这乐曲多美啊！"

晓晓只好又忍了一会儿，可就在妈妈刚刚回到音乐的旋律中，晓晓开始找各种理由，一会儿"妈妈我要上厕所"，一会儿"妈妈我要喝水"，而且声音越来越大。

弄得周围人都把目光投向他们母子。妈妈一个劲地说着晓晓，但晓晓就是不听，竟开始大声地嚷着要回家。这时，场内的管理人员马上把他们母子请出了音乐大厅，说这样会影响演员的发挥和观众的观看，如果晓晓不能安静地听演奏，建议妈妈带着晓晓离开音乐厅。

这期间晓晓一直不停地大叫，非要离开。无奈，妈妈只好气愤地带着晓晓出了音乐厅。

晓晓出了音乐厅，如释重负，欣喜若狂地大声喊叫着，引得路人回头观看，妈妈气得指责晓晓不听话，让他不要喊叫。可是晓晓却根本不理这一套，依然我行我素，就像刚从笼中逃出的野兽。

路上不时有行人，在他们背后指指点点，小声地说孩子没有教养，家长缺乏管教。让晓晓的妈妈颇为难堪。

如何培养一个有教养的孩子，是许多父母关心的问题。孩子长大走向社会，走向世界，那些在一举手一投足间就会说明一个人的修养的东西，是需要孩子在早期教育时候就打下根基的。整个社会的发展，文化的传承，其实都和每个人从小的教养有关。

2

妍妍性格开朗活泼，可是大家却都不喜欢她，因为她有一个缺点就是爱骂人，妍妍的家人觉得这不算是个大事，毕竟孩子怎么可能没有缺点呢，所以就没怎么在意。

妍妍上了幼儿园后，经常因为爱骂人或者说脏话被老师批评，多次批评无效后，妍妍的老师让妍妍的爸爸妈妈来学校一趟，想要商量一个对策。

妍妍的妈妈听了老师的话并没有在意，所以就将这件"不起眼"的小事抛到了脑后。因为她想着孩子还小，哪知道那是骂人的话啊，等再大点就明白了，不用这么大张旗鼓的。因此，妍妍骂人的恶习并没有得到收敛，反而是越来越加重了。

眼看着妍妍就要上小学了，妍妍的爸爸妈妈早就看中了一所国际小学，这所小学的师资力量雄厚，他们想着上这所小学会对妍妍的将来有很好的发展。因此他们带着妍妍参加了学校组织的考试，妍妍表现得不错，老师提的问题她都回答得很好。妍妍的爸爸想着应该没有什么问题了。

可是当结果出来的时候，妍妍的爸爸妈妈愣了，因为孩子并没有通过这所学校的考试，他们想不通，妍妍的表现好，为什么是这样的结果呢，于是去学校想问清楚。

老师告诉他们，妍妍的确表现得优秀，但是经过学校了解妍妍的幼儿园老师的评价里最多的就是关于妍妍骂人的记录，所以学校认为一个没有礼貌的孩子是不能接受的。

文明礼貌是孩子做人的"身份证"，是孩子随身携带的"教养名片"。一个有教养的孩子必然有良好的文明礼仪，这样的孩子比较受人欢迎，也就是心理学上所说的"被众人接纳的程度高"。礼貌要从小培养，否则就会形成坏习惯，一旦形成坏习惯，再改就很难了。只要家长们从思想上认识到这个问题的重要性，并在生活中给孩子以正确的引导，就一定能够培养出讲文明、懂礼貌的孩子。

3

有人说："如果你失去了今天，你不算失败，因为明天会再来。如果你失去了金钱，你不算失败，因为人生的价值不在钱袋。如果你失去了文明，你是彻彻底底地失败，因为你已经失去了做人的真谛。"

的确，做人最重要的是要有教养。离开教养的教育是悲剧，只有重视教养的教育才能实现培养全面发展人才的目标，才是完整意义上的教育，才是教养的根本。

教育不等于教养，有教育不等于有教养，教育和教养是完全不同的概念。教育教给人的是科学文化知识，逻辑分析能力；

而教养则会教会如何做一个人，如何尊重别人并且得到别人的尊重，如何遵守社会道德规范，做一个对社会有益的人。

教育和教养的区别是很大的。一个接受过良好教育的人，并不代表他拥有了良好的教养。为什么很多人才高八斗，学富五车，却不受欢迎？是因为他们的教养不够好，态度不好。受人喜爱和欢迎的人，则是懂得做人的人，有教养的人。

一个孩子可以不聪明，可以不可爱，甚至也可以没有远大的理想，但是不能没有教养，教养是一种潜在的品质；没有教养、没有规矩的孩子注定会成为这个社会摒弃的废品。

教养不是天生的，一个小孩子如果没有人教给他良好的习惯和有关的知识，他必定是愚昧和粗浅的。良好的教养是孩子一生享用不尽的财富。我们每一位家长都希望自己的孩子能健康成长，拥有美好的明天，那么我们就应该注重培养孩子的良好教养。

第八章

心平气和的家长善引导

——培养孩子良好的三观

< < < < < < <

梦想是昂贵的，
有什么好嘲笑的

每个孩子都爱做梦，可惜的是，很多父母缺乏正确的教育方法，导致孩子积极憧憬的美好未来，就这样被扼杀在摇篮里。

1

很多父母都喜欢问自己的孩子："宝贝，你长大后准备做什么职业？""宝贝，你长大后的理想是什么呢？"当然，不同的父母得到的答案不同，有的孩子想当歌唱家，有的孩子想当宇航员，有的孩子想当司机，有的孩子想当老师……

一个小男孩儿说："我长大了想当一名护士。"他的爸爸听了，怒目而视："什么玩意儿？你一个男生跑去做女生的职业，像什么样子？"另一个小男孩说："我长大了想当一名司机。"他的爸爸听了，依旧怒目而视："没出息，当什么司机啊？"

孩子年纪尚小，对于职业其实并没有正确的认知，因此他们有着各种各样五花八门的"理想"，这时候，父母如果太较真就错了，由于他们对事物的认知能力有限，现在的所谓的"理想"往往只是一些浅层的想法，随着年龄的增长，认知能力的不断提高，他们的理想会做出相应的调整。

理想不分贵贱，只要是自己想做的事，只要自己能够做好，在任何一个行业都能够展现自己的才能，因此父母不要因为孩子的理想太过于普通而觉得担忧，也不要觉得孩子的理想不符合实际而觉得好笑，而是应该针对孩子的想法，给出正确的建议，比如告诉想当司机的孩子，做一名司机需要学习很多机械原理知识，需要学会地理知识，一些好的司机甚至要学会外语；告诉想当护士的孩子，做好护士不容易，需要具备足够的耐心和护理知识；等等。

每个孩子在儿童时代的理想多多少少带着一些幻想的成分，如果父母对那些不切实际的理想投以不屑一顾的目光，就会伤害到孩子的自信心，是谁说的带有幻想就不能实现了呢？孩子需要在鼓励中长大，如果总是受到父母的反对和指责，他将会不敢再奢望未来，从而度过碌碌无为的一生。

2

多年前，一位穷苦的牧羊人带着两个年幼的儿子替别人放羊，以维持生计。一天，他们赶着羊群来到了一个山坡，这时，一群大雁鸣叫着从他们的头顶飞过，并很快消失在远方。牧羊人的小儿子问他的父亲："大雁要往哪里飞？"父亲回答说："它们要去一个温暖的地方，在那里安家，度过寒冷的冬天。"他的大儿子眨着眼睛羡慕地说："要是我们也能像大雁一样飞起来就好了。"小儿子也对父亲说："做个会飞的大雁多好啊！"

牧羊人沉默了一下，然后对两个儿子说："只要你们想，你们也能飞起来。"

　　两个儿子试了试，并没有飞起来，他们用怀疑的眼光看着父亲。牧羊人说："让我飞给你们看。"于是他飞了两下，也没有飞起来。牧羊人肯定地说："我是因为年纪大了才飞不起来，你们还小，只要不断努力，就一定能飞起来，到任何想去的地方。"父亲的话使两个儿子产生了飞起来的梦想，并坚持不懈地努力。一天，牧羊人带回一个小玩具，用橡皮筋做动力，可以使玩具飞向空中。两个儿子觉得很好玩儿，照着仿制了几个，都能成功地飞起来。他们因此兴致倍增，并引发了造飞机的想法。经过反复实验，世界上第一架飞机诞生了。

　　这一对兄弟就是美国的莱特兄弟。

　　看到这，你还会对孩子似乎不切实际的理想不屑一顾吗？

3

　　在现实生活中，父母们往往喜欢为孩子设计理想。从上小学开始，就为孩子的理想一步步规划好了，甚至想好了孩子以后上哪个大学、学什么专业。为此，许多父母不顾孩子的理想和爱好，强迫孩子按自己设计的轨道去发展。

　　这样的做法是不明智的，孩子会因为缺乏自己的理想而失去努力的内在动力，明智的父母应该尊重孩子的理想。而且，父母不要在孩子树立理想的初期给孩子太多的压力和警示，这样很容易打击孩子的积极性。

　　当孩子有了自己的理想时，父母应该告诉孩子："你树立了理想，我们支持你，相信你通过自己的努力一定会实现！"

"你想实现自己的理想，就要从小事做起，这样，你就会离自己的理想越来越近！"

理想是每个孩子都挂在嘴边上的词语，但并不一定每个孩子，都理解其中的内涵，但父母一定要明确，从小树立正确的理想，其价值将贯穿孩子的一生。在孩子树立理想的过程中，父母要做一个优秀的导航手。

P图美颜爽一时，
读书气质美一世

著名作家池莉曾经说过："如果把生活比喻为创作的意境，那么阅读就像阳光。"法国大文豪雨果曾经说过："书籍是朋友，虽然没有热情，但是非常忠实。"很多名人都告诉我们，读书是一件非常好的事情。

1

李宇辰是个人见人爱的孩子，他在待人接物、举止谈吐方面都高出同龄孩子一筹，引来很多父母的羡慕和敬佩。

为此，很多父母向李宇辰的父母请教，到底是什么妙招让孩子这么棒？

李宇辰的父母往往淡淡地一笑，用简短的几个字来概括，多让孩子看书。

李宇辰的妈妈张倩透露，她是这样引导儿子读书的：从孩子一出生，只要是醒着的时候，她都会给孩子读书听。慢慢地，她发现儿子在听妈妈阅读的时候会手舞足蹈，仿佛在享受一件优美的事情。

等儿子长到两岁后，张倩就开始给他买一些绘本，为他念上面的文字，并让他观察上面相应的图画；再到后来，她就开始给儿子讲故事；上了幼儿园后，她会鼓励儿子自己讲故事给妈妈听。

就这样，那一个个优美动听的童话故事陪伴着李宇辰成长的每一天。正是在这种熏陶之下，李宇辰的语言、写作等能力均得到了很大的进步。慢慢地，李宇辰自己也感受到读书带来的乐趣了。

李宇辰6岁那年，上小学了。这时候，张倩也开始逐步"放手"，试着吊吊儿子求知的胃口。比如，有时候她会把故事讲到一半，然后推托说还有事急着要做，让儿子自己去看完。

虽然儿子不太高兴，但由于太想知道故事的结局，就努力地继续往下看。虽然还有很多字她并不认得，但没关系，有拼音帮忙，慢慢地，李宇辰就养成了自己看书的习惯。

现在，李宇辰快小学毕业了，而他看过的书也收藏了满满的一书柜。这些藏书里，既有李宇辰小时候看过的故事书，又有后来的儿童小说、百科全书、儿童画报及杂志等。

在不断汲取知识的过程中，李宇辰的自信心也越发增强。如今，读书已经成了李宇辰生活中必不可少的一部分，在汲取知识的同时，也享受着阅读带来的快乐。

2

古语曾经说过："腹有诗书气自华。"这句话的道理很简单，也很好理解，一个人只要多读书，读好书，就会拥有不凡的气质。因此，父母如能从小引导孩子爱上读书，这将是孩子这一生最棒最有裨益的礼物。

很多父母会抱怨，现在的孩子肩膀上背负着沉重的学习任务，难道还要让孩子背负沉重的阅读任务吗？孩子是不是太辛苦了？而且所有考试都只考课本上的知识，课外的知识不看也罢。

这些想法都是不对的。父母不妨仔细想想，最初在学校，那么喜欢读课外书的同学的语文成绩是不是很突出？而那些专注课本知识，每天闷头学习的人，他们的语文成绩是不是不上不下？现在进入社会了，身边那些散发着知性之美的人，是不是都有着喜欢读书的好习惯？

在阅读的过程当中，孩子能够积累书中更为丰富的知识，拥有"百科全书"的知识，能够体验到书中更为丰富的情感，拥有知性的魅力，如此才能在孩子成长的过程当中，不断提高孩子的精神内涵，让孩子在平时的言行举止中透露出书香之气。

阅读有如此之多的功劳，那么父母就努力地培养孩子阅读的兴趣和习惯吧。

3

不过，阅读的习惯并非一日两日就能形成，那么，应该如何让孩子爱上阅读呢？

首先，兴趣是最好的老师。在孩子的启蒙阶段，不要带有功利心地让孩子认识多少多少汉字，汉字认识多少并不重要，关键的是让孩子产生对语言、对文字的兴趣和好奇。

文字在刚出生的孩子面前，是一个新鲜的玩意，但是如果长时间地看着一个个不会活蹦乱跳的"小方块"，孩子一定不会喜欢。这时候，父母要主动将"小方块"和孩子的生活相互联系，孩子就能够从文字当中体验到生活的方便与乐趣，自然就会拥有强烈的学习动机。

其次，要多抽时间和孩子进行交流。

随着经济条件的逐渐改善，很多父母常常给孩子买这买那，在物质条件上从不吝啬，但有时候他们却常常忽略了孩子的精神需求，忘记跟孩子进行交流和沟通。因此，当孩子年纪不大时，父母可以选择与孩子一起阅读童话故事书，或者跟孩子一起天马行空地编故事，等到孩子长大一些，再与孩子一起讨论和交流故事的发展，这样就能培养孩子的阅读兴趣和习惯。

在阅读的过程中，孩子一定会产生各种各样的疑问，父母这时候不能不耐烦，一定要尽力解答，如果超出认识范围，先向孩子说明原因，而后和孩子一起查找相关的资料解决答案。当孩子一旦形成了良好的阅读习惯，那么他就会在阅读中找到乐趣，知识面也会因为阅读而变得更加广泛，而后激发学习更多知识的动力。

很多父母纷纷抱怨，说自己给孩子买的书不算少，但书在家里就成了一个摆设，孩子宁愿去看电视玩电脑也不喜欢看书。

遇到这种情况，父母不妨找亲朋好友或者邻居家爱看书的孩子，请他到家里来玩，让他在自己的孩子面前展现对书的喜爱。正所谓"近朱者赤，近墨者黑"，孩子之间相互影响的作用是巨大的，在兴趣爱好的感染和影响之下，孩子就会产生对阅读的兴趣，从而慢慢爱上阅读。

在这个共享时代，
别让孩子吃独食

为保护孩子，父母总是替孩子筑起一道特别的"篱笆墙"。结果，别人走不进来，孩子也走不出去，这道无形的篱笆墙就是自私。可想而知，自私这面墙只会让自己阳光明媚的世界日益荒芜。

1

古罗马哲学家卢克莱修说："自私是人类的一种本性，高尚者和卑劣者的区别在于：前者能够克制这种本性而代之以无私的给予，而后者则任其肆意横行。"

从前有两个人，就要投胎到世上，临行前到佛祖那里告别，佛祖问他们有什么要求。一个说：我喜欢什么都是别人给我，穿的吃的住的用的……另一个则说：我愿意把自己的任何东西都分给别人，只要我有……

佛祖答应了他们。果然，喜欢"别人给"的那人到人间做了衣不蔽体、食不果腹的乞丐，天天到街上做"伸手派"，当然，吃的穿的住的都是不好的；愿意"给别人"的那个，则成为大老板，生意顺利，挣了很多钱，富甲一方，他经常做善事，捐钱建敬老院和学校，资助贫困的人……

给予远比接受要幸福，但是现在的父母们只是热衷于孩子的早期教育、技艺训练、学习强化等，把注意力仅仅集中于孩子适应能力的培养上。这样便制造出了一个又一个"学习努力、听父母话的乖孩子"。但是孩子在这样的环境中成长，其人与人之间关系的准则便会产生扭曲。他对朋友不仅不会充满友情，甚至还会把朋友视为竞争对手。于是，在处理与朋友或其他人的关系上，也以是否对自己有利作为判断的标准，完全是以自我为中心的。

2

刘飞成绩非常好，班主任想让他做学习委员，把班级的整体成绩带上去，没想到却遭到他的拒绝。班主任不明白为什么，问道："当班长有什么不好？"

"当班长有什么好呢？"刘飞轻声反问，"太耽误时间，考试看的是成绩，不是看你是不是学习委员。"

刘飞的一番言论让班主任吃惊不小，看来同学们对他的反映是真的。刘飞是寄宿生，平时吃住都在学校，他的很多同学在和老师谈心的时候都说他太自私，从不肯帮助别人。

"刘飞从来不参加课外活动，说是浪费时间！"

"我问刘飞这道题如何解，他明明知道，却不教我！"

"我不爱和刘飞搭伙儿吃饭，好吃的全被他扒拉走了！"

老师认为成绩固然重要，可是良好的品质同样对人生有着重要的意义。

3

元宵佳节那天，亚茹的妈妈邀请她的同学娜娜来家里一起过节。

当富有节日特色的主食——元宵端上来后，妈妈开始逗亚茹："茹茹，给妈妈几个元宵，好吗？"亚茹朝妈妈翻了个白眼："我才不呢！"妈妈自讨了个没趣，习惯地笑笑了事。在场的娜娜见了，拿同样的问题逗茹茹，亚茹当然不会给客人面子，又是一个"我才不呢"。

亚茹的妈妈连忙训斥孩子，娜娜手一摆，拿起汤匙自个儿到茹茹碗里舀起了几只，随即放到碗里，边吃边说："你不给我，我偏要拿来吃。"

从来没有经历过这个场面的亚茹愣住了，眼睛眨巴眨巴地要落泪了。

妈妈连忙对亚茹说："别哭，阿姨是客人，妈妈马上再给你盛。"娜娜连忙做了个"不"的手势，接着拿着汤匙又在亚茹碗里舀了一个，问："你给不给我吃？"

不知是怕了娜娜阿姨，还是因为妈妈答应马上还给她盛，亚茹破天荒地点点头。这次，娜娜又到自己的碗里舀几个放在她碗里，对她柔声细语："好，茹茹愿意给阿姨吃，那么，阿姨也愿意把自己的给你吃。"这一次，亚茹脸上露出了灿烂的笑容。

晚饭后，娜娜背着孩子对亚茹的妈妈说：要让孩子学会"给"，越是不肯给，越不让她占到便宜；越是肯给，越让她得到。这样她就会学会付出，学会奉献了……

孩子的自私心理不是天生的，而是在后天环境中逐渐形成的。现在多为独生子女家庭，父辈和祖辈对孩子可以说是呵护备至，真是含在嘴里怕化了，背在肩上怕摔了。孩子们集宠爱于一身，家里好吃的、好玩的东西都先尽他一个人享用，有什么要求父母都会尽量满足。久而久之，自然而然地使他形成了自我为中心的观念，养成了自私的毛病。

要知道，付出和回报是成正比的，付出多少相应地就会有多少回报。当我们希望别人怎么对待自己时，首先我们就要怎么对待别人。当我们想从别人身上得到些什么时，就必须对别人付出，然后才能得到别人的回报。

听话的孩子就一定是好孩子?

　　孩子听你的话，你的格局就是孩子的格局，你的高度就是孩子的高度。你的人生，就是孩子的人生。如果你的人生已经碌碌无为，又如何指导孩子的人生？听话，会让孩子免于跌入谷底，但绝不会让孩子站上巅峰。

1

　　菲菲回忆起年幼时父母对自己教育的历程时说："小时候，姥姥看护我，妈妈每天上班前总是反复叮嘱：要听姥姥的话。等下班回来之后也常常问我，今天有没有听姥姥的话。3岁上了幼儿园，妈妈每天早晨送我去幼儿园，临走时总是一句话：听老师的话。每天晚上去接我，也常常问我，今天听老师的话没有。上小学时，每天都叮嘱我要听老师的话，上课要用心听老师讲。上了中学还是经常叮嘱听老师的话。后来工作了，又经常叮嘱我要听领导的话，看领导的脸色办事。在我的记忆中，好像'听话'这两个字是妈妈对我讲的次数最多的。"

　　是啊，在大多数家庭中，最常听到的教导莫过于"听话"二字。爷爷、奶奶、爸爸，不停地说"乖！听话"，"听话！好孩子"，"听话！给你买玩具"，"听话！我们就喜欢你"。

"听话"教育几乎成了家庭教育的中心内容。

的确，这世上没有不希望子女好的父母，可父母认为的"好"，不一定是孩子真正喜欢的"好"。太多的父母用"听话"来干涉孩子的生活，以爱之名控制孩子，给孩子戴上沉重的枷锁，绑架孩子的人生。

记得有一位名人曾经说过：爸爸妈妈对小孩子来讲最珍贵的是什么？是给他们一个理想的环境，让他自己变成自己，而不是变成我们想要他变成的人。

人生的酸甜苦辣，要自己品尝，这才是真正的人生。如果你真的爱孩子，就用孩子想要的方式去爱他，而不要用你认为对的方式。

2

从前，德国有个孩子几乎是完美的，在学校，他的各科成绩均名列前茅，上课认真听讲，和同学们很友好，是学生们学习的榜样；在家里，他很听话，从不违背父母的意愿；他还非常有礼貌，遇到认识的人会主动脱帽致敬，尊称他人为"先生"或者"夫人"。

另一个英国孩子则差远了，他出身于贵族家庭，却根本没有贵族特有的优雅，他是学校里最贪吃、最顽皮、成绩最差的学生，经常遭到老师的体罚，不得不频繁转学。后来这个顽劣的孩子又迷恋上了骑马，在一个庄园的游戏中曾摔成重伤，肾脏破裂，险些丧命。

很多人都会认为当然是第一个孩子比较优秀，真相是，这两个孩子都是二战时期最出名的两个人物，直到今天也是家喻户晓：第一个孩子是少年时期的阿道夫·希特勒；第二个孩子是被誉为"有史以来最伟大的英国人"的温斯顿·丘吉尔。

两个人有截然相反的成长经历，一个是"乖学生"，一个是"差学生"，但是长大之后的身份和地位就发生了转换，谁又能说学生时代所谓的"差孩子"就没有光明的未来，而"听话的好孩子"就一定能为大家所赞赏呢？

3

当然，我们并不是说不听话的孩子就一定聪明、能出人头地，孩子的"听话"应该更多地体现在生活习惯和道德行为上，孩子好动、主意多，我们应该做出正确的引导，让他们用在学习上和处理问题上。

我们要求孩子在行为上要基本"听话"，打架、骂人等行为自然是不行的，但是思维上可以"不听话"，由他们自由想象。孩子小时候，我们要注重培养他们的良好习惯，允许他们在合理的范围内"不听话"，让他们真正独立起来。

闻闻从小就是个活泼可爱略有些淘气的小男孩，他的动手能力很强，几乎家里的东西都被他大卸八块过。

一年级的时候，闻闻就能用橡皮泥捏出各种动物形状，连老师看到也感到惊奇。稍大一点，他就能用小刀在木头上雕刻飞机、军舰等他感兴趣的玩意儿。小小闻闻还用他那双灵巧的小手制作了一架又一架的"飞机"和"军舰"，客厅里到处摆放着他的杰作。

再后来，闻闻喜欢上了拆东西，家里的东西几乎被他拆了一遍，但他的父母不但没有斥责他，反而很注重培养他的动手能力。他的父亲规定，东西可以拆，但前提是拆完后要自己组装好。这对闻闻动手能力的培养是一个很好的锻炼。

此外，闻闻还很喜欢玩积木，他跟一般人不一样，除了建房子模型外还会到库房找零件，将玩具改装成机器人。于是他的父亲就鼓励他通过学习物理知识来自己改装机器人。在这一过程中，他养成了自己动手做的习惯，也让自己的双手更灵巧。

在父母的鼓励下，上小学四年级的闻闻已经成为一名"合格的"安装工了。父亲经常和他一起动手，花费许多时间陪他来建造一些毫无目的性的装置，把一大堆零件组装在一起，做成一个他也不知为何物的大东西。闻闻自己回忆说，小时候"我花了许多时间用来制作一些无明确用途的器具"。通情达理的妈妈允许闻闻进行他的"工程创作"，并且对他进行鼓励。

就这样，父母的鼓励给了闻闻动手实践的勇气，而超强的动手能力极大地促进了他的创新能力的形成，初中三年级时他还获得了创新科技大赛的金奖。

听话，不能代替孩子的成长；而不听话，正是孩子成长的开始。如果事事都听你的，孩子只会依赖你，他永远都长不大。

孩子的人生，还是听他自己的吧。让他遵从自己的内心，做真正的自己，活出自己想要的样子。

言必信，行必果，
谁的承诺都必须算数

俗话说"人无信不立"，诚信是人们交往中最起码的道德规范，它既是一种道德品质，也是一种义务。诚信作为人与人之间彼此信任与支持的桥梁，是一个人对正义和公理，对他人和对自身负责的体现，它是一个人立身的基础。

1

两个小学生在聊天，互相吐槽自己的父母，小男孩说："我爸爸之前说过，只要我数学考试拿了一百分，他星期天就带我去公园放风筝。可是，我上次真的考了一百分，爸爸却说他工作忙，没有时间。我以后再也不想考一百分了。"

小女孩说："我妈妈也经常说，等我写完了作业她就让我出去玩，可是等我写完了，妈妈却不让我出去了，说再做完一张试卷就让我出去。可是，我不想再做了。"

父母就是这样一次又一次"说话不算数"，使得孩子在父母的言行中得到了经验和教训：大人是会失信的，撒谎也能够被允许；如果为了达到自己的目的，用谎言来骗对方也没有关系。于是，父母就失去了孩子的信任，也失去了自己在孩子心中树立的威信，而孩子也以父母为"榜样"，学会了不诚信。

孩子的诚信意识，是从他自己的人生经历中一点点看到并且学会的，而父母是孩子的第一任老师。如果孩子出现了不诚信的行为，父母应该反省自身是否传递了不诚信的榜样？

2

失信于孩子，在很多父母眼中，好像是一件很小的事，但其中坏处相当多。

首先，这会让孩子产生"一个人可以不为自己说过的话负责任，答应过的事情也可以不履行"的错误认知，从而养成"轻易承诺"的坏习惯，而多次失信，会让他失去朋友的信任。因此，父母对孩子不能轻易许诺，许诺必兑现，言必信，行必果，说话必须算数。这种"身教"是一种"潜在教育"，比"显在教育"的作用要大得多。

其次，父母会失去自己在孩子心中树立的威信。父母的威信从何处而来，主要来源于自己平时的言行举止。说话算话的父母，会让孩子重视他们说的每一句话，从小学习"言必信，行必果"的良好品质。因此，面对孩子，父母不能胡乱夸下海口，不能轻易许诺，也不能为了能够达到自己的目的而随便答应孩子的任何要求。

当孩子提出要求的时候，父母一定要认真思考这个要求是不是合理，是不是在能够兑现的范围内。如果是合理的，而且能够兑现，父母可以认真地许下承诺，而后让孩子不断督促自己履行承诺，按时兑现。中途，如果由于特殊情况，父母没能够按时履行承诺，必须向孩子道歉并说明理由，再和孩子商量用哪一种形式进行弥补，切记不可敷衍了事。父母应该要通过言传身教的方式告诉孩子，承诺是沉重的，许诺应谨慎。如果要求是不合理的，或者完全不可能兑现的，父母一定不能答应，而是应该跟孩子商量，研究出可行的方法。

为保证诚信成为孩子的一种优良习惯，父母可以在家庭教育中多讨论诚信的重要性，或者亲子阅读一些强调诚信的书籍，或者给孩子讲一些关于诚信的故事，或者当社会上出现了坑蒙拐骗的行为，父母要及时并且态度鲜明地进行批判，要让孩子知道，弄虚作假的行为是必将受到惩罚的。在这样的反复教育下，孩子才能成为一个诚信之人。

日常生活中真正的大事其实没有多少，培养孩子处理大事的态度，就是从生活中的每一件小事中获取经验。父母应该在生活的每时每刻都教育孩子做一个诚信的人，始终如一，当自己出现了错误，也要敢于承认，接受批评，绝不打马虎眼。

3

因为这样那样的原因，世界上几乎没有不说谎话的人，尤其是年纪尚小的孩子，因为还没能形成正确的世界观、人生观和价值观，说起谎来比大人要容易得多，但他们说谎的原因也比大人单纯得多，比如说谎就能让自己免于惩罚，说谎就能让父母或者老师开心，说谎就能获得某个玩具或者模型等等。

孩子说谎了，很多父母的第一反应是生气，大动干戈或者棍棒相加，但这是不对的，父母应该冷静分析孩子说谎的原因，区别对待不同的原因，从而进行正确的引导，让孩子认识到：说谎是一个错误的行为，是一种不诚信的表现，是要付出沉重的代价。

还有些孩子说了谎，父母的第一反应是为了面子着想，帮着孩子掩盖错误，推卸责任，这更不对。当孩子说了谎，父母要让孩子勇敢承认错误，并想出补救措施，主动承担因为说谎而造成的后果，让坏事变好，而不能让坏事变得更坏。

很多孩子说谎是觉得说谎有好处，但无数事实证明，说谎的最大受害者只有自己，就像美国前总统林肯曾经说过："你能欺骗少数人，你不能欺骗大多数人；你能欺骗人于一时，你不能欺骗人于永远。"

所以，父母要让孩子明白，说谎能够得到的好处只有一次两次，而诚信将会成就一生的英名和光彩。

再忙，也要参与
孩子的"重要时刻"

现在这个社会，以"忙"为借口而造成亲子情感疏离的这种情形，似乎是相当普遍的；而"忙"似乎也成了许多父母最常拿来"合理化"减少陪伴子女的借口。

如果因为忙于工作不理孩子，这就等于告诉孩子——你不重要，至少不如父母的工作重要。

1

美国一个名叫贝蒂的女孩，在大学毕业后写下了一篇这样的日记：

所有你在孩提时教训我的，都是要我完成你的心愿。但你可曾想过，在这一路你是否展露过父亲的关怀？是什么事如此重要，使你无法像其他父母一样在"亲子日"到学校？

昨天，是一个你没出现的毕业典礼。为什么你不能抽出一天来看你的女儿——在她生命中的重要时刻？当校长念出我的名字，说出"恭喜"的时候，我在几千人的人海中极力寻找你的身影，但我最终失望了，你根本不在。

我感到如此孤独、沮丧和愤怒。我需要他。我需要他见证我完成了非常特别的事，他所鼓励我的所有梦想、野心和目标的结果。他难道不知道他的支持对我有多重要？你是认真的吗？

当这篇日记被发现的时候，这个名叫贝蒂的女孩已经结束了自己的生命。也许这与她心理脆弱不无关系，但她这个悲惨的结果，有很大一部分责任要归结于她的爸爸。

现实生活中有很多这样的父母，平时不陪伴孩子、不教育孩子，孩子的重大时刻他总不放在心上，他觉得小孩子也不会放在心上，所以不愿花费时间和精力去经营。即使他们有空的时候，关注的也只是孩子的成绩单、孩子在学校的表现。

贝蒂的事例告诉我们，即使我们再忙、时间再宝贵，也一定要参与孩子的重要时刻。因为这对于孩子来说是至关重要的，这时父母的出席，可能会抵消他们"长期不在"的缺憾，抵消孩子平时对他的失望情绪；而这时如果父母不在，就像导火线一样，点燃了孩子积压已久的心理阴影。

2

源源2岁时，父母便离婚了，源源归爸爸抚养，但是一个大男人带着一个小孩子的确有很多不方便，于是源源的爸爸便把奶奶接来，照顾源源的生活。而源源的爸爸是做工程的，经常出差而且时间都不短，常常是刚回来三天就又要走了，所以源源和爸爸在一起的日子屈指可数。在源源的记忆里每次的家长会都是奶奶参加的，爸爸好像在他的生命里一直是个隐形的人。

　　源源上初中的时候，爸爸成了公司的主管因此不用常常出差了。源源高兴极了，他很想每天都有爸爸陪着他一起度过，他渴望爸爸陪他一起踢足球，一起去游乐园。可是，爸爸却总是很忙，经常加班，即便早早回家也是在玩手机，他总是觉得自己在爸爸心目中连一个手机都不如。

　　源源想着是不是因为他表现得不够优秀，所以爸爸不喜欢他。为了让爸爸喜欢他，陪他一起玩，他开始用心地学习，这学期的期末考试他考了全年级第一。周三要开家长会，他高兴地邀请爸爸参加他的家长会，可是爸爸推说忙拒绝参加。源源很失望，他觉得无论怎么努力，爸爸都是不喜欢他的。

　　这之后，源源开始失去了学习的动力，他开始不做作业，甚至逃课，当爸爸得知此事后，狠狠地打了他一顿，边打边骂："你为什么不能让我省心？我每天四处奔波给你挣钱，你要什么就买什么，你到底有什么不满意？"

　　源源抬起头，冷冷地看着父亲说了一句："我需要的是你的关心，你的陪伴，可是你呢，只会对我漠不关心，我怎么努力，都没用。我甚至还不如你的手机，你不爱我，为什么生下我。我恨你。"说完就跑出了家。

　　是的，当代父母人人都望子成龙，望女成凤，家长在孩子身上的投资也越来越来大。但是，父母在为孩子投资的同时却忽略了一个最重要的投资，那就是感情投资！

3

　　孩子的心灵是敏感的，孩子的感情比大人的要脆弱，但也简单得多，孩子只要得到父母的一个笑脸，或是一句问候，或是一个拥抱，他就能睡一个好觉，就会给你一个更大的笑容。

但是，我们忙于工作的父母，就连这样小小的表示都吝啬给予，每天一回到家，不是工作不顺利，就是以工作很累，与孩子的期盼擦肩而过。

也许有一天，作为父母的我们，脚步不再稳健，也渴望孩子们的陪伴，可是难道你期望他也用忙来敷衍你吗？

每一个孩子成长的机会只有一次，每天至少腾出半个小时的时间，哪怕十分钟也好，把手机关掉，什么都不想，在这一刻，你就是完完全全属于自己的孩子。

原谅别人，就是放过自己

豁达是一种气度，一种胸怀，更是一种思维方式。心胸豁达是一种通过强大自我战胜狭隘感受的修养方法，也是成功者必备的素质之一。

1

一所美国的幼儿园老师，要求孩子们拿来一个塑料袋，里面装上土豆。每一个土豆上都写着自己最讨厌的人的名字，谁痛恨的人越多，口袋里土豆的数量也就越多。做游戏的时候，孩子都要随身带着这个装土豆的袋子。

日子一天天过去，发霉的土豆开始散发出难闻的气味。另外，孩子也不愿意再随身带着沉重的袋子。一周后，游戏结束，孩子们终于"解放"了。

这时，老师告诉他们："这就和你心里记恨着自己讨厌的人一样。如果你连腐烂土豆的气味都无法忍受一天，你又怎么能让嫉恨的毒气占据你的一生？"

老师的这一课叫"宽容"，他告诉孩子：不要让一生都背负仇恨的包袱，原谅别人的过错，是放过别人，也是放过自己。

2

自己的孩子与别人的孩子打架，受了气，作为家长想劝孩子宽容对方，但又怕这样显得太软弱了。今后孩子性格变得懦弱了怎么办？长大参加工作吃亏怎么办？

其实，真正的强者，都能宽容别人。家长应教育孩子，从小树立一个观念：决不能让自己的胸怀像针尖那样狭小，要开阔自己的胸怀，只有能宽容别人，才能与人和谐相处，才能品尝到人生的快乐。

龙龙从学校回到家里，爸爸看到他嘟嘴的样子，就问怎么了。龙龙告诉爸爸："昨天杨刚借我的魔法棒玩，今天还给我的时候，把里面的电池都给用光了。他怎么能这样呢？我自己都知道节约着用，他却一口气给我用到没电。"

说完，龙龙就呜呜地哭起来。爸爸搂过他，轻声问道："那杨刚有没有向你道歉呢？"龙龙说："他说'对不起'了，可是道歉有什么用呀，电池不还是没有吗？"

见儿子这么委屈，龙龙的爸爸继续安慰了一会，然后对他说："宝贝，电池没了还可以再买，何必因为几节电池伤了同学和气呢？等周末爸爸有时间就可以去商店给你买电池，先耽误你玩两天魔法棒，没问题吧？"

听了爸爸的话，龙龙渐渐停止了哭泣。

妈妈趁热打铁，继续说道："你想想，前些天你把淘淘的遥控汽车弄坏，淘淘不是还对你说'没什么'吗？妈妈希望你也能像淘淘学习，大度些，原谅杨刚。本来你让杨刚玩魔法棒，是表现你的友好，杨刚也会因此而开心，可是因为几节电池就闹得不愉快，岂不得不偿失吗？"

龙龙似有所悟，他对爸爸说："我现在就要给杨刚打电话，就今天对他不满的事向他道歉。"

3

孩子的宽容心是一种非常珍贵的感情，它主要表现为对别人过错的原谅。这种感情对于孩子个性的健康发展，尤其是情感的健康发展，以及对于孩子良好人际关系的建立有着非常重要的意义。

富有宽容心的孩子往往心地善良，性情温和，惹人喜爱，受人拥护，而缺乏宽容心的人往往性情怪诞，易走极端，不易为人亲近，因而人际关系往往不好。

因此，教孩子学会宽容尤为重要，这不仅是为孩子今天能和伙伴处理好关系，更是为孩子将来的人生奠定基础。

有同情心的孩子更有人情味

同情，是一种美。它不是居高临下的恩赐，不是装模作样的慈悲，而是人与人之间一种和谐的联结，是同情者与被同情者之间同等的情感流动。

1

古人云："幼吾幼及幼人之幼，老吾老及老人之老。"尊老爱幼、同情弱者是我们国家的传统美德。一个人只有具有了同情心，他才可能是一个充满爱心的人。俄罗斯著名剧作家罗佐夫说过："应当善于同情，而不是善于严惩。"因此，我们应该在日常生活中，注意培养孩子的同情心。

某所高校举行一次募捐活动，一个男生拒绝捐款，还非常不屑地说："为什么要我捐款呢？他们可以靠自己呀，我也很穷，谁来给我捐款呢？"

原来，从小时候开始，母亲就教育他，对于那些靠别人帮助过日子的人，不要去同情他们，人都应该靠自己生活。他还记得，有一次因为自己给了路边一位行乞的老大爷几块钱，母亲把他骂了个狗血淋头，从此以后，他就再也不敢去帮助别人了，以至于长大后，他变得越来越冷酷。

后来，孩子的母亲说，她教育孩子靠自己，本意是想让孩子学会独立，可是没有想到她的语言和行为过于偏激，把孩子的同情心扼杀了。

孩子的同情心是一种非常珍贵的感情，它主要表现为对别人痛苦的关心和安慰。这种感情对于孩子个性的健康发展尤其是情感的发展，以及良好人际关系的建立有着非常重要的意义。

2

4岁的田田在和邻居的妹妹一起玩时，妹妹不小心摔了一跤，把膝盖给摔破了，疼得直哭。田田马上像个小大人一样说："妹妹不要哭，我给你玩小汽车。"说着田田拿出自己的小汽车给妹妹，可是妹妹还是哭个不停，田田看她这么痛苦，连小汽车都哄不好，于是，自己竟然也掉起了眼泪。

田田的妈妈看到了，不由嘲笑说："真没出息，又不是你摔伤了，人家受伤你哭什么哭？还小男子汉呢！"

田田哭得更厉害了。

其实，当孩子看到别人痛苦时，自己也会流露出痛苦的表情，便是同情他人的表现之一。这是孩子同情心形成的心理基础，父母要及时鼓励孩子的这些行为，而不要去取笑和打击他们。

因为这种美好的情感一旦被毁坏，就很难再恢复了。

当我们发现孩子对某人或某事产生了同情心的时候，我们不仅要注意观察，而且更应该对孩子们萌发出的同情心加以保护、鼓励和启发，告诉他们要设身处地地体验别人的痛苦。

3

有些家长只给孩子爱，却不教孩子爱同伴、爱别人。这就使孩子养成了自私自利，不考虑他人感受的习惯，把孩子培养成了一个缺少同情心的人。

有些父母觉得，这个社会骗子太多，尤其是路边"乞丐"鱼龙混杂，小孩子是分不清楚的，所以遇到小孩子要给"乞丐"钱的时候，就急急地拉着他走开了，或者是不分青红皂白的呵斥。

但是，对于幼小的孩子来说，父母也可以让他们以为这些都是真的，以培养他们的同情心和乐于助人的品格。看到自己的行为能为别人带来快乐，对孩子总是有益处的。因为直接告诉他们有的"乞丐"是骗子，是件比较复杂的事情，会给他们带来失望和困惑，孩子不能接受，或许还会对同情心产生怀疑。

至于是真是假，随着孩子的长大，他们慢慢就能理解和鉴别。

父母还可以利用适当的教育内容培养孩子的同情心。例如有目的地让孩子欣赏一些感人的童话故事，像《卖火柴的小女孩》等。并利用实际生活中的一些实例培养孩子同情心。例如捐资助学，希望工程，为灾区捐款捐物，与贫困山区的孩子"结对子"等等。鼓励孩子伸出援助之手，捐出自己的压岁钱、零花钱，把自己的衣物、图书、文具无偿送给困难小朋友。

同情心是人的天性之一，也是构筑人类善良天性大厦的坚强柱石。如果你要孩子做一个有教养的人，首先你得要培养孩子的同情心。